学校は、何をするところか？

苫野一徳 Ittoku Tomano × 菊池省三 Shozo Kikuchi

中村堂

学校は、何をするところか？　もくじ

対談者紹介

苫野 一徳

とまの いっとく

1980年兵庫県生まれ。哲学者・教育学者。早稲田大学大学院教育学研究科博士課程修了。博士（教育学）。熊本大学准教授。多様で異質な人たちが、どうすれば互いに了解し承認しあうことができるかを探究。一般財団法人軽井沢風越学園設立準備財団の理事に就任し、本城慎之介氏、岩瀬直樹氏らと共に、2020年に幼・小・中一貫の軽井沢風越学園を開校予定。

著書に、『子どもの頃から哲学者 – 世界一おもしろい、哲学を使った「絶望からの脱出」！』（大和書房）『「自由」はいかに可能か』（NHKブックス）『教育の力』（講談社現代新書）『勉強するのは何のため？』（日本評論社）『どのような教育が「よい」教育か』（講談社選書メチエ）など。

菊池　省三《きくち　しょうぞう》

1959年愛媛県生まれ。「菊池道場」道場長。元福岡県北九州市公立小学校教諭。山口大学教育学部卒業。コミュニケーション教育を基にした人間を育てる教育を提唱。文部科学省の『熟議』に基づく教育政策形成の在り方に関する懇談会」委員。2017年度　高知県いの町教育特使。大分県中津市教育スーパーアドバイザー。三重県松阪市学級経営マイスター。

著書に、「言葉で人間を育てる　菊池道場流『成長の授業』」「人間を育てる　菊池道場流　叱る指導」「個の確立した集団を育てる　ほめ言葉のシャワー　決定版」「1年間を見通した白熱する教室のつくり方」「価値語100ハンドブック」「人間を育てる　菊池道場流　作文の指導」「『話し合い力』を育てる　コミュニケーションゲーム62」(以上　中村堂)など多数。

2018年2月1日　現在

第1章

学校は、何をするところか？

対談　苫野一徳×菊池省三

第1章　学校は、何をするところか？

1　パラダイムの転換をめざして

菊池　はじめまして。よろしくお願いします。

苫野　お越しいただき、ありがとうございます。よろしくお願いします。

菊池　苫野先生のご著書「教育の力」（講談社現代新書）を、以前、中村堂の中村宏隆社長から「苫野先生と菊池先生の教育についての考え方は通じるところがある」と紹介され、読ませていただきました。苫野先生がＳＮＳにアップされている新聞の連載記事なども興味深く読ませていただいています。

私は、現在、全国の学校にお伺いして、授業をしたり、授業を見せていただいたりする日々を過ごしていますが、その中で多く出会うのは、全国学力・学習状況調査に端を発した狭い意味での学力に縛られた教育観のもとで学校教育が行われているという現実です。私自身が33年間いた北九州も全く同じで、私はそうした考え方とぶつかってきたんだなあと改めて思う毎日です。

そんな中で、苫野先生の「教育の力」を読ませていただいて、ずいぶんすっきりしたというか、一人ひとりが勉強をして取り組みを進めていけば、明るいあるべき状況をつくることができる方向性を示していただいていると思い、これから頑張らないといけないという勇気をいただきました。今、学校現場は、「数字化される見える学力の向上」のために、その多くのエネルギーが使われています。「そもそも教育とは」と考える際のたくさんの示唆がこの本の中にありました。

苫野　光栄なお言葉をいただき、恐縮です。私は、菊池先生のご著書も読ませていただき、テレビも拝見させていただいてきました。また、いろいろなところに出かけて講座や研修会などの場で会った方から、菊池先生のことをお聞きすることもよくありました。何年か前に、教員免許更新講習の講師を務めたときに、遠くからいらしてくださった方から、講習の終了後にお声掛けをいただき、「苫野先生と菊池先生は、主張されていることが同じです。是非、会ってほしいと思います」と言われたこともありました。

菊池　熊本の人吉市の先生ですかね。菊池道場の熊本支部の支部長をされている方から、そういうお話を伺ったことがありますので。

苫野　その方かもしれません。何人かの方から「菊池先生とは親和性が非常に高い」という趣旨のことを言われてきましたので、いつかお目にかかれたらと思っていましたが、最初からこのような機会をいただいて、本当に光栄です。

菊池　最近読ませていただいて印象に残っているのは、「民主主義において必要なのは『道徳教育』ではなく『市民教育』である」（熊本日日新聞　２０１７年7月11日付）という記事です。「市民を育てる」ということに共感しています。

苫野　ありがとうございます。学校教育では、近代市民社会の担い手を育てるという視点が重要だと考えています。私は、公教育において必要なのは、道徳教育ではなく市民教育であると言い続けてきましたが、道徳が特別の教科になるにあたっては、もはや仕方ないので、これを逆に好機と捉えて、実りのある道徳教育のあり方を提言できないかと思っているところです。

菊池 私は、北九州の学校現場で、旧態依然とした、あえて旧態依然という言葉を使いますが、古い教育観とぶつかりました。私の実践の中で特に重要だったのはディベートをもとにした教育です。ディベートの技術的な側面ではなく、ディベートのもつ授業観を大切にしてきました。知識を意図的、計画的にきちんきちんと教えようとするそれまでの授業スタイルから、価値判断の質を高め、人と意見を区別し、根拠を伴った意見を比較し合うといった、社会に生きる人間として必要な考え続ける力を育てることができるディベートこそ、子どもたちを成長させていく指導への転換を果たしうると考えたのです。

そもそも、ディベートは、健全な市民を育てていくことをめざして生まれたわけです。空気に流されて動く日本の社会に対する批判として、ディベートは日本に紹介されたと理解しています。私は、専門的な意味での市民教育について十分には理解できていませんが、北九州で実践を進める中で、それまでの古い教育観をもった方々とぶつかりましたので、阿部謹也先生（元一橋大学学長）の『「世間」とは何か』（講談社現代新書）などを読んで、理論武装のために学びました。その中で「市民教育」という考え方を身に付けました。

苫野　市民教育というと、嘘のような話ですが、日本では、「北九州市民」とか「熊本市民」とかいった意味での「市民」と捉えられることがたまにあります。でももちろんそうではなくて、ここで言う「市民」というのは、この社会の担い手としての「市民」ですね。自由な、そしてお互いを認め合える市民を育てるということが、公教育の一番の土台なんだということは、いくら強調してもしすぎではないと思っています。

菊池　苫野先生がよくおっしゃる「相互承認」ということを私なりに考えると、それぞれに健全に自由であるということであり、個の確立された状況だと思っています。

私が「明るい崩壊」と呼んでいる学級の状況があります。小規模の町で幼稚園から中学校まで、ずっと同じ仲間・集団で育ってきたような子どもたちの学級です。ずっと一緒なので細かいことを聞かなくても、お互いのことはすでによく分かっていて、立場も固定しているのでそれはそれで安定している。表面的には仲良しで、明るい関係があるように見えるのですが、空気で動く群れの状態で、個が確立していない。ただ、そうした子たちも、さすがに高校に入るといろいろな地域から集まった集団になりますので、人間関係が一挙に広がり、コミュニケーションが上手にとれない。その結果、その子たちの高校中退率は平均と比べて2、3割も高くなるそうです。いわゆる、目に見える形でドッカンドッカンと崩壊するのではなく、表面的には穏やかな「明るい崩壊」の状況です。

ちゃんと勉強して、その選抜で生き残れるような学力を身に付けることがゴールだという教育しかされていない中では、そうした明るい崩壊が起こってしまうと私は考えています。一人の子どもの人生を見通して、どんな人間を育てるか、その子たちがどんな社会を継承していくべきなのかという視点が重要だと思うのです。

数日前に、ある教育団体と菊池道場とでコラボ企画がありまして、その中心メンバーのお一人と対談させていただいた際に、こうした教育の目的のお話をしたのですが、私の伝え方が悪かったのでしょうが、学力を付けるということにしかなかなか目がいかないようで、最後まで理解していただけなかったのではないかと思っています。教育現場のめざす方向の違いが歴然とあるな、ということを改めて感じたイベントでした。

苫野　私自身も、いろいろな教育委員会にお伺いしたときによく聞くのは、「とにかく学力を上げないといけない」という話です。学力に限らず、「あれをしろ、これをしろ」とか、「あれやるな、これやるな」とか、上からあまり言いすぎるのではなく、現場の自由な探究を保障する必要がありますね。とことん先生たちの裁量を保障、尊重し、その上で、行政はそれをとことん支援する。そういう状況であれば、菊池先生も、あまりぶつからずにすんだかもしれませんね。

菊池　そうですね。今のお話を聞いていて、何が今の教育の現状を生み出しているかと考えたときに、もちろん現場の教師にも責任はあると思いますが、現在のシステムの中で一番問題があるのは都道府県教育委員会ではないかと私は思っています。

苫野　はい。逆に言えば、地方の教育行政がよりよいものになっていけば、日本全体の教育がぐっとよくなるという実感を私ももっています。

菊池　なんか、「顔」が見えないですよね。「顔」を見せないというか。

昨日、大阪府のとある市の小学校に行ってきました。その市ですが、ここ10何年間ほど、毎年小学校教員を100人程度ずつ新規採用しているそうです。その結果、どの学校もまもなく20代の教員が半分以上を占めるようになるとのことでした。そうした中で、矢継ぎ早に新しい教育政策が委員会から降ろされてきて、それらに対応しなくてはいけない。若い先生たちを指導するベテランの先生たちは、それなりに実践をされた方々ですが、それこそ旧態依然とした教育観をもっているので、今の学校現場と合わないことが指導という名のもとに行われ、現場は混乱状況にあるというのです。

健全な教育のあり方を考えようとしたときに、教室なら教室、学校なら学校が、どんな状態になっているかということが、ほとんど外の世界には伝わっていなかったというか、知られていなかったのではないかと思うのです。学校の中がイメージできないから、目に見える点数の方に行かざるを得なかったということもあるのかなと思うのです。「そのことを分かって、私たち教師が対応しなかったから悪いんだ」と言われればそれっきりですが。

苫野 私がやっている教育哲学というものは、一見非常に迂遠な学問のようですが、実はこういう時にこそ最大の意義を発揮するのです。つまり、「そもそも何のための教育なのか」ということ、また、「教師の仕事の一番の根本は何なのか」ということ、こうした一番の根本を明らかにするのが教育哲学なのです。で、その根っこが分かれば、後はそれぞれがそれぞれの現場で知恵を絞り合い、どうやったらそれを実現できるだろうと考え合っていくことができます。最近、そんな教育哲学が多くの方に必要とされているのを実感し、嬉しく思っています。混迷の時代ですから、もう一度根本に帰ろうと関心をもってくださる方が増えているのだと思います。と言っても、先生方の5～6%くらいだろうとは思うのですが。

菊池　どこまで立ち戻って「根本」と言うかということも、あろうかと思います。この「教育の力」の中で、いくつかの視点をご提示していただいています。「自由の相互承認」「学びの個別化」「学びの協同化」「学びのプロジェクト化」など。この本を読まれた先生方は、自分のいる職場を思い、自分の文脈の中で理解し、受け止めて、いろいろ考えられるだろうと思います。ただ、実際の教室で、自分の授業をどう変えていくかというところになるとなかなか現実的には難しいようにも思います。

苫野　そうですね。これは、慣習が邪魔している部分がすごく多いと思います。私は、公教育の本質を「相互承認の感度を育むことを土台に、子どもたち一人ひとりが自由になるための力を育むもの」と結論付けていますが、さらに、これを実現していく具体的な方途として、「学びの個別化・協同化・プロジェクト化の融合」という理論を提示していきます。もちろんこれは、絶対の正解というわけではなくて、一つの方向性として、このようにしていけば、自由と自由の相互承認が実質化されるのではないかという考えで出したものです。

ただ、提案はしていますが、とりわけ「個別化」と「協同化」の融合、もっと言うと、「ゆるやかな協同性に支えられた個の学び」といった発想が、慣習的に今の学校にはあまりないのです。どうしても、みんなで同じことを、同じペースで、同じ教材を使って、敷かれたレールに乗ってやっていくということが強い慣習としてあるのです。

菊池　そのことを誰も疑わないですからね。

苫野　そうですね。そこをそろそろ突き崩していきたいと考えています。菊池先生の実践を見て、多くの先生は「ああ、こんなことができるんだ。いいな、自分もやってみたいな」などと思われると思いますが、「個別化・協同化・プロジェクト化の融合」も、そんな共感ベースで広がっていったらいいなと思っています。「ああ、こういうのいいな。やりたいな」という共感の輪が、じわりじわりと広がっていけば、ある時突然、気が付いたら大きく変わっていたという状況が訪れるのかなと予想しています。

菊池　教室に行って授業を参観させていただくと、当たり前と言えば当たり前ですが、教室の中は、スクール形式で、黒板を背にして教壇に立つ先生と、子どもたちの机が向かい合う構図になっています。そして、机の上に教科書とノートだけが置かれていて、答えは先生がもっている。それをもとにした発問を先生が子どもにするという関係です。

私が現役時代の教室では、子どもたちに黒板を開放していろいろ書かせることも多かったですし、自由に立ち歩いて少人数で話し合う機会も多くつくりました。そして、私は子どもたちの内側の変容や成長、子ども同士の関わり合いという根本の部分に目を向けていました。学ぶことの正解は、本当は子どもたちの中にあると考えていました。机の上には、教科書やノート以外に、辞書や関連する本を積み上げていました。机の上のもので足りなければ、図書館に行ったり、パソコン教室に行ってインターネットを使って調べたり、それでも足りない場合は、次の時間までに家でいろいろ調べてきて準備をする。全部、子ども同士で調べたり、議論したりして答えをつくっていくという学びのスタイルです。

こうしたことを比べてみても、慣習に縛られすぎている教室と、そうではないあり方を比べて、授業観の違いということを考えさせられています。

先日、ある学校にお伺いしたときに午前中の4時間、違う学年の算数の授業を見せていただきましたが、教室の中の隣同士で話し合いをしたのは、合計で3回か4回でした。

苫野 なるほど。

菊池 「えーっ」て、思いますよね。

苫野 あとは全部先生が喋っている？

菊池　はい、机の上には、教科書とノートが出ていて、授業は先生の発問、指示で進んでいきます。子どもたちが落ち着いている学校だったから、それでも一応は進んでいくでしょうし、教室が「わあ」ってなってしまうこともないんでしょうけど、そんな授業スタイルを見ていると、本当に、慣習に縛られているんだなあと思います。授業参観の後で、「こうしたスタイルを打ち破っていきたいですね」というお話をしましたら、そこの学校の先生たちも「ああ、そういうことは大事ですよね」とおっしゃっていましたが、変わらないんじゃないかと思いました。

苫野　まだまだ大多数がそうなのかもしれませんね。ただ、菊池先生の実践がこれだけ全国的に注目を浴びて広まっているということを、先生ご自身はどのように感じられていますか？

菊池　先ほどパーセントの話がありましたが、私は仲間と飲んだ時に、「9割は古いスタイルだろ」とよく言います。その内、議論がヒートアップすると「いや9割5分だ」「いや9割8分」だなんて言っています。今、自治体と継続的に関わらせていただくことが多くなってきていますが、それらの取り組みを通しても、授業を変える、教師を変えるということが、こんなに大変なことかと、改めて気付いているところです。教育現場の慣習の根深さを痛感しているところです。従来のスタイルを変えていこうという取り組みはたくさんありますが、結局、従来の枠の中での若干の工夫であって、その枠を超えるところまでは達していないんじゃないかと思っているのです。

苫野 その通りですね。

菊池 私自身、今回、苫野先生に本当にお聞きしたかったことですが、こちらに「従来の一斉指導」があり、こちらに「苫野先生たちがつくられようとしている個別化、協同化、プロジェクト化を軸とする学校」があるとします。歴史を振り返って、新しい学力観が提案されて、いろいろな研究団体ができ、授業を工夫・改善していこうと活動をされた方々が、法則化運動以降少なからずいました。そして、今、「アクティブ・ラーニング」とか、「主体的・対話的で深い学び」という追い風が吹く中で、そういった方々が、やはり授業の仕方の工夫・改善していく主張をされていると思います。ただ、それらも私の中では、工夫・改善はされているかもしれないけれど、2つに分けたときの「一斉授業」の枠の中のことではないかと思っているのです。決して、新しい方には行っていないと。

苫野　そう思います。

菊池　このことについての苫野先生のお考えをお聞きしたかったのです。私自身もこうした動きの中でたくさん学ばせていただきましたし、学校現場ですから、一斉授業のよさも十分に分かっているつもりですし、その価値も評価しています。ただ、根っこのところの慣習になってしまっている部分をどこまで本気で変えようとするかという点でいうと、新しい方には入っていないと評価せざるを得ないのです。私が今の立場だから言ってしまっているんですが。

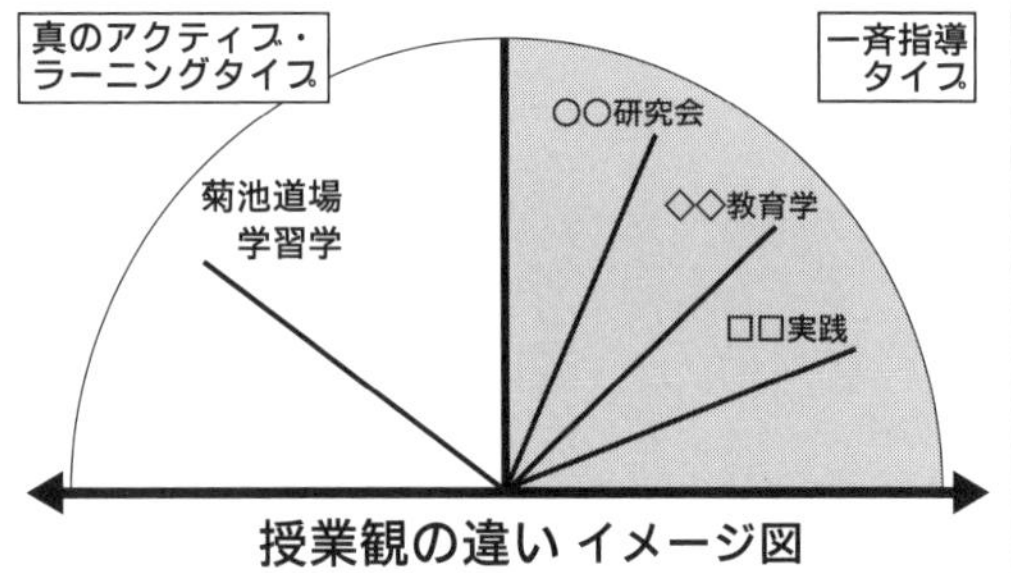

授業観の違い イメージ図

苫野　いや、それは全くその通りです。菊池先生がご著書に書かれていたと思いますが、これまでの授業研究のパラダイムは、結局、一斉指導の範囲のものでしかないと。

菊池　そうです。そうです。

苫野　先ほど言いましたように、みんなで同じことを、同じペースで、同じようなやり方で、同じ教材を使って学んでいくというパラダイムのもとで、どれだけ授業の進め方をブラッシュアップしても限界があるわけです。私がずっと言っているのは、人それぞれ、興味・関心も、学びの進度も、自分に合った学び方も、教材も、いつどこで誰と学び合うのがいいかも、違っているということです。これまでは、それを全部統一して勉強させるという授業だったわけですが、そのパラダイム自体を変えていきたいと考えています。嫌な言葉ですが、いわゆる落ちこぼれ、吹きこぼれ問題というのは、この「みんな一緒」という授業やカリキュラムのパラダイムのゆえに起こる、構造上の問題である面も多いのです。でも、そう言うと戸惑いや反発も結構あるわけです。

菊池　過去を全否定されてしまうと考えられる重鎮がたくさんいらっしゃいますから。

苫野　そうなんです。私も、その辺のアプローチに関しては、いろいろ悩んでいるところがあります。対決姿勢をとられてしまう場合も少なくありませんので。

菊池　そうですね。悩ましいところです。

苫野　私はよく「問い方のマジック」という話をします。これは、「あちらとこちら、どちらが正しいか？」と問われると、「どちらかが正しいんじゃないか？」と思わず思ってしまうという文字どおりの「マジック」です。でも、この世にどちらかが絶対に正しいなんてことはありません。ですから、たとえば「一斉授業か、協同学習か？」といった問いも、不毛な対立を煽るだけの無意味な問いだと考えています。方法というのは、目的や状況によって使い分けたり組み合わせたりすればいいわけです。一斉授業が絶対に正しいわけでも、絶対に間違っているわけでもなく、目的や状況に応じて使い分ければいいだけの話なのです。

ただその上で、一斉授業・一斉カリキュラムが主流の時代は、さすがに終わったと思っています。これは近代公教育が整備された頃に発明された、大量生産型教育の残滓なのです。

でも、教員養成の現場にいて時折悲しくなってしまうのですが、教員を目指す学生たちの学びでさえ、「主体的・対話的で深い学び」にはなかなかなっていないんですね。カリキュラムも、必修授業があまりに多くて、選択の余地が少ない。授業も、教授の一斉講義が中心で、言われたことを言われた通りに学んでいくだけのものも多い。だから学生たちは、いつまでも受け身の学びしか知らないし、教員採用試験の面接対策だって、模範解答が用意されていて、それに従順に従うだけなんてことも多いわけです。なんとかこの状況を変えたいと思っているところです。

教師を目指す学生や、先生たちには、もっと「主体的・対話的で深い学び」を経験してもらいたいですね。その経験の不足に、教育が変わりにくい一つの原因があるのだと思います。でもそれは、学生や先生が悪いというよりも、教員養成のシステムとか行政のシステムを、私たちが自分たちの手で変えていかないといけないということだと思うのです。

菊池　今、教育特使という肩書をいただいて継続してお伺いしている高知県いの町での2016年度1年間の取り組みを、ドキュメンタリー映画「ニッポンの教育（監督　筒井勝彦）」としてまとめていただきました。その映画の最初、4月の半ばに初めて行ったある小学校で、5年生を担任されている先生の算数の授業を見せていただいた後、休憩を挟んで次の時間に私が授業をするという日の休憩時間に受けたインタビューの内容が、収められています。その中で私は、今、苫野先生がおっしゃったように、研究授業の後の協議会の場で教師の指導法については語られていたけれど、授業観そのものを疑うというような議論はされてこなかった、というような話を偶然しています。自分の原点がそこにあったんだなあということを今思い出しました。

いずれにしても、一斉授業の枠を超えることなく、プラスαをしただけの範囲の中で、今の授業や指導の改革について主張をするということ自体どうなんだろうと思っています。学校のハード面が変わらず、教員養成、教員研修のシステムも変わらず、地域性も背景としてあって、アクティブ・ラーナーを育てるという方向に変わっていくには、まだまだ時間がかかるのかなと思っています。

「教師　菊池省三」（中村堂　p.53）からインタビューを引用

例えば、今日とかでも、もっと動けばいいんですよね。席立って。うん。でも、それがごく自然にできるような教室をつくりたいわけですよね。学び合いがダイナミックに行われるという。その現象の一つとして、動けるっていうのがあると思うんですよね。だから、今からやるのに、「よし、じゃあ、これ立ち歩いていいから、どっちかっていうのを相談しなさい」ってやった時に、多分動けないと思うんですよ。何をしていいか分からない。でも、そこをお見せすることによって、そこに行くにはどうしたらいいかってことを考えていった方が、僕は、今の今の今は、（授業を）見せていただいて、どっちがいいのかなって気がしてますね。

だから、今までの、例えば学校現場の、自分もそうだったんですけど、その授業研究とかするじゃないですか。研究授業が終わって、でもそれって授業観を問うっていうような、そこまでなかったんですよね。子どもがどうだったとか、このときの指示・発問がどうだったというような、そこだけで終わってたんですよ。

だから、そういう学びの経験がないわけですよね、我々は、そこに行こうとしているわけだから、本当にこちらの見通しと、今日みたいな1時間の位置付けをどうするかってことですよね。枝葉じゃないんだっていう、うん、そこですね…。ダイナミックにやりますか。

（菊池省三）

苫野 学びについて、「授業というものは、教師が主導権をもっていて、子どもたちは教師のコントローラーのもとで勉強していくものだ」という共通認識のようなものが、やっぱり結構あるのですね。でも本来、「学びのコントローラー」、これは岩瀬直樹さんという今一緒に学校づくりのプロジェクトなどもやっている先生の言葉ですが、「学びのコントローラー」は、本来子どもたち自身が持っているわけです。子どもたちが、自分のペースで、自分なりの学び方を学びながら学び合っていくことを、どれだけ大事にできるか。そのような授業観を、教師がどこまでもっているのかということが、今後ますます問われると思います。

私の大学の授業は、100人以上の授業でもできるだけプロジェクトベースで行っています。文部科学省が決めたカリキュラムは、半期15回必ず実施しなくてはいけないものとなっていますが、「同じ時間に、同じ場所に集まって、皆で同じことを勉強する」なんて、非常にナンセンスだと考えています。プロジェクト型の授業ですと、学生たちは、あるテーマについて、チームだったり一人だったりで、自分たちなりの問いを立て、自分たちなりの仕方で、自分たちなりの答えにたどり着く探究的な学びを行います。だから私は、毎時間全員に向けて一斉講義をするのではなく、とことんオフィスアワー(大学で教員が学生の質問や相談を受けられるように研究室などにいる時間)を設けて、学生たち自身が、そのプロジェクトを遂行する過程で必要に応じて私を利用するという形で進めています。また、必要に応じて全員が集まり、集まったときには、プロジェクトの途中経過をみんなで発表し合ったり議論し合ったりするわけです。最後は、何かしらの形で自分たちの探究の結果を発表するのですが、こういう進め方をすると、学生たちは最初はかなり戸惑います。ところが半期やってみると、ちゃんとできるようになるのです。それを通して思うのは、単に経験をしてこなかっただけなんだということです。こういう経験をしっかり積めば、深い学びってこういうことだったんだと、学生たちはちゃんと理解してくれるようになります。

菊池 この20何年来の総合的な学習の時間と生活科って、何だったんですかね。

苫野 そうですね。なんちゃって総合、なんちゃって生活科と言うか…。でも、ちゃんと機会さえ整えられれば、子どもたちはできるんだなっていうことを、私は実感しています。

菊池 私などは、全然そんなことを言える者ではないですが、教師の根底の部分で本当に子どもを信じているか、信じていないか、ということだと思います。「ほら、手遊びしてるでしょ。そこ」と毎日言っているような先生は、「私がちゃんと答えを握っているんだから、子どもはノート出して、ちゃんと学びましょう」と言うわけですが、子どもを信じていないんだと思うのです。

苫野 全くですね。

菊池 子どものことをみくびっているから、教科書をノートに書き写させるだけだったり、議論・対話をしようというときに座席を離れていいかどうかを問題にしてみたりと、小さな話ばかりです。座席を離れて、いろいろなところに出掛けて行って、時間をかけていくことで、考え続けるということが始まるはずなのにそれをしない。自由に立ち歩くことが保障されている教室と、そうではない教室。先生の授業観の違いは、まずそこに表れると思っています。

苫野 本当に。おっしゃる通りですね。

菊池 ある中学校で、態度目標を示しながら、立ち歩いて対話をする授業をしました。授業の経験のない子どもたちに「やってごらん」と言って、話し合いの授業をしました。授業の後の協議会で、態度目標のことを規律と受け取られたと思うのですが、感想に「規律のある『離席』はいいかなと思いました」と書いていました。「離席」ですよ。別の先生は、「自由に立ち歩くということがあるとは知らなかった」と書いていました。どちらも、とても印象に残っています。

苫野　自由に立ち歩く話し合いを知らなかったと。

菊池　はい。どちらも中学3年生をご担当されている先生でした。さらに、それに関連する質問として、「そういうふうにして、収まりがつかなくなったときはどうしたらいいのですか」とか、「そういう授業にするためにはどうしたらいいのですか」というようなものもありました。協議会を熟議的な話し合いで進めましたので、今、紹介したような形で感想をつないでいく形になりました。

これは一つの例ですが、授業をまず形からでもいいから変えていって、その先のめざす子どもの姿を先生たちと共有していきたいという思いで、毎日学校や教室に伺っています。

2　子どもが中心の学びを創る

菊池　苫野先生が先ほど「相互承認」ということをおっしゃいましたが、私は「ほめ言葉のシャワー」という、小さな小さな積み重ねの中でお互いに小さな丸を付け合い、お互いの多面的なところを認め合い、「違うんだけど」と言いつつもそれがお互いを自由にさせていくということにつながると思っています。こうした「ほめ言葉のシャワー」の取り組みについて、苫野先生はどのようにお考えですか。

苫野　クラスの中にコミュニケーションがあるように見えても、実際に教室に行くとごく一部でしかコミュニケーションが起こっていないと、菊池先生がご著書に書かれていました。相互承認の機会があるどころか、教室というのは、そのコミュニケーションの少なさゆえに、空気を読み合わなくてはいけない環境になってしまいますよね。それでも一緒に教室にいなければいけないわけですから、群れの中でいかにサバイバルしていくかを子どもが考えるというのは、当然のことだと思います。ですから、子どもたちが、人間関係の濃い薄いを超えて、コミュニケーションができる、うまく折り合いを付けられるという機会や仕掛けを、学校や教師はいっぱいつくりたいなあと思います。その意味で、「ほめ言葉のシャワー」は、そうした仕掛けの一つなんじゃないかと思います。

菊池　そうですよね、相互承認ということが、ずっと軸としてあって、安心できるから個別化の学びも充実していって、エネルギーも増すでしょうからプロジェクトも組めるわけですよね。子ども同士の関係を強く豊かにしていくというベースを大事にしていることをご理解いただいて、離席も自由にさせて、人間を育てていこうじゃないか、そういう主張を私はしているわけです。それを理解して動き始めている先生は、菊池道場の中にはだいぶ増えてきているのではないかと思います。ただ、ときどき学校でいじめられているという話も聞きますが。

苫野　先ほども少しお聞きしましたが、そこのところが私の中では一番関心がありまして、菊池実践が広まって、多くの先生方がリーチしているという状況だと思うのですが、菊池先生は、実感としては、まだまだ一番深いところで、先生方の中にすとんと落ちていないと感じられているとのことですが、本当にそうなんですか。

菊池 都道府県教育委員会を中心とした体制の中で、そこで語られる、俗に言う学力というものが、学校現場とどうつながっているかということかなと思います。そうなると「学校は、何をするところか？」ということにつながっていくと思います。学校レベルで考えてみた時に、私自身の教室や、熱心に実践をされている菊池道場メンバーの教室では、子ども同士の関係がよくなって、生活や活動が楽しくなったら、学力も当然上がっているはずです。でもそういうことも、具体的な数字として立証されていないので、二項対立になってしまう。もちろん目に見えるテストの数値は低いよりは高い方がいいわけですから、都道府県教委が言えば、現場の先生は動かないわけにはいかないですから、学校としてはその方向に動いてしまいますよね。その上、管理職の先生やベテランの先生たちは、今さら新しいことにかかわりたくないし、変えていくことを面倒だと思いがちですから、なかなか一歩を踏み出そうとはしない状況があります。

苫野　ちゃんと教育学研究者が実証しなければ駄目ですね。子ども同士の関係がちゃんとできている学級になれば、狭い意味の学力も上がるということを。もちろん、反証される場合もあるかもしれませんが。

【対談中断】

対談をしていた研究室に、苫野先生のゼミ生が、教員採用試験合格の報告にやってきました。苫野先生は、「よかった。よかった。そりゃ、嬉しい。ああ、いい知らせだ。おめでとう」と祝福。それを踏まえて、話題は一時、教員採用試験に移りました。

苫野　私のゼミ生たちも、教員採用試験で結構悩んでいます。私のゼミは、周囲から異端ゼミと言われているそうなのですが、教員採用試験のあり方自体を問い直したり、授業や教師のあり方そのものを問い直したりするというような議論をいつもしていますので、模擬授業や面接や集団討論の際、型にはまらないことが多いのです。でも本当にそれでいいのか、みんな悩むんですね。で、また皆で議論をして、最近は、やっぱり自分らしく自分らしい言葉で喋ることが大切だからそうしよう、という結論になったみたいです。今来た彼も、その中で頑張っていたメンバーなので、それで合格したのは嬉しいなと、今、思いました。

苫野 話を戻しますが、クラスの相互承認関係と学力の相関関係について、教育学研究者はもっと実証研究をするべきですね。

菊池 しばらく前に、たくさんほめられて、いい意味で厳しく叱られた子どもたちの学力は高い傾向にあるという報道がありました。相関関係みたいなものはあるでしょうが、因果関係となるとなかなか難しいですよね。でも、ざっくりとした形でも構わないので、そんなことが分析されたデータが出てきて、一般的に認知されるようになると、授業スタイルも変わるでしょうし、土台の部分の見直しもされるようになると思います。普通に考えて、よくない人間関係の中で、子ども同士がにらみ合っている中で1時間座っていても、勉強はできないと私は思います。

苫野 全くそうですね。アメリカの研究などでよく言われているのは、競争よりも協同の方が全体的に学力が上がるということです。これも幾分かのバイアスがかかっている可能性がありますけれども、まあいくらかは実証されていることだとは思います。

あと、クラスの関係性と学力の相関についても、あるいは子どもたちの成長一般ということについても、私たちはとにかく長い目でみる必要がありますね。

菊池 私は、以前、「菊池学級を卒業したあと、中学校や高等学校に入って、どんなふうになっているのですか？」という質問をよくされました。正直、私は、「そんな質問しているあなた、何を言いたいんですか」と思っていました。なんか斜めで見ているな、という感じですね。小学生のときのようには純粋に過ごせない年齢になっていくわけで、中学校で部活動を始めれば、先輩と後輩の関係の中で、ある程度折り合いをつけながらやっていきますよね。そのままというはずはあり得ません。

そんなこともあって、私が最後に送り出した卒業生となった子どもたちは、ドキュメンタリー映画の第一弾である「挑む」にいろいろな形で出演してもらいましたので、それが完成したときに地元・北九州で上映会を行い、その場で「菊池学級の地層」を見てもらおうという企画で、40歳手前ぐらいの教え子を筆頭に代々の卒業生に集まってもらいました。皆の前で、いろいろ喋ったり、参加者からの質問に答えてもらったりするという内容でした。教え子たちが語った内容は、ある意味普通というか、まあしっかりした人間に、皆成長していました。私なりの小さな抵抗です。どうぞ、本人たちに直接質問してくださいい、という感じです。私の思い過ごしかもしれませんが、そんなことまでせざるを得ないような、何ともいえない懐疑的な見方が一部にあって、その象徴のような質問だと思っています。

苫野 日本社会というのは管理が厳しいし、上下関係が厳しいですから、お互い認め合うとか、そんな生ぬるいことを言っていいのかという疑念みたいなものをもたれるんですかね。

菊池 苫野先生は、研究者ですからその辺りのことは本当に厳密にされていて、すごいなあと思っているのですが、教育界の議論の中の多くに「引用」がないんですね。私は、「だから、こちらにこういう事実がありますよ。どうぞ、教室を見に来てください」と言います。事実をきちんと見て引用していただきたいわけです。ところが、そうした事実を見ようともしないで「ほめるっていうのはね…、承認の方がね…」と、研究的な視点を否定するつもりはありませんが、そこに引用がないわけですから、研究のレベルに高まっていかないで、お互いが二項対立で言い合うだけの足の引っ張り合いをしているような構図になってしまうのです。結局、教師の学びとして深まらないし、かみ合わないし、新しいものは生まれないのです。主張し合うだけで、引用がないことが元凶だと思っています。

苫野 つまり、印象をぶつけ合っているってことですね。

菊池 「引用なきところに印象はびこる」というそれです。あるのは、それぞれの思いですよね。思いはあっていいですけど、そこに引用があれば、随分違う議論になると私は思っています。

苫野　本当にそうですよね。私は「一般化のワナに陥らないように」とよく言いますが、人は、自分の経験を過度に一般化して、それがみんなにも当てはまるものであるかのように語ってしまうことがよくあるのですね。このことには、特に自覚的に注意したいものだと思います。

菊池　一斉指導から、新しい授業観に転換していくことは大変かもしれないですが、チームとかシステムの力で、教師の力量を高めていきたいですね。その前段階として、「黙ってちゃんと先生の話を聞きなさい」という教師から、最近でしたらファシリテーション、ファシリテーターとしての教師という方向になっていくために、授業観を転換していくために、今後、教師として、どんな力が必要だとお考えですか？

苫野　いろいろな先生と話をして、今思っているのは、先生が、子どもたちを「信頼して、任せて、支える」という経験を少しずつ蓄積していくことかなと。それで手応えを得られると、ちょっとずつちょっとずつ、いろいろなものを手放すことができるというか、手綱を緩められるようにもなっていくようです。例えば、子どもたちが何かの話し合いをしているときに、先生が口出ししてまとめようとすることを少し我慢して、子どもたちが結論に到達するのを見守るということをしてみると、「何だ、自分が過度に介入しないほうが子どもたちが成長するぞ」というちょっとした気付きがある、次には授業も、子どもたちにここは任せてみようかな、なんて思い始める。先生の中に、一旦信頼していいんだっていう感じがやってくると、意外にトントントンと、先生が変わっていくんじゃないかと思っています。言うまでもありませんが、これは「放任」とは全く違います。時にはリードすることも大切です。そして何と言っても、信頼して、任せて、そして「支える」わけです。

菊池 ああ、人間ってすごいなあ、子どももすごいなあって、思いますよね。

苫野 もう一つ、菊池先生も先ほどおっしゃっていた、「教師が頭に答えをもっていて、子どもたちがそれを取りに行くゲームでは、もうない」ということに先生が気付くことです。私は、「共同探究者」としての教師とか、「探究支援者」としての教師という言い方をしていますが、子どもたち自身の探究が真ん中にあって、それにどういうふうに伴走していけるか、支援していけるかという方向に教師の授業観が変わっていくことが重要だと言っています。ただそうなると本当は、カリキュラムも見直さないといけないという話になりますが、菊池先生の先ほどの問いに対しては、この二つを考えています。

菊池　私は、必要に応じて、徹底的に討論し合う授業をします。市の教育委員会が出しているカリキュラムが、たとえば8時間配当の単元だとします。私は、必要だと考えたときに16時間のカリキュラムを仕組むのです。8時間を16時間にすると、矢面に立って議論をすることを迫られる子が出てきます。8時間程度の長さでは、クラスの中の一部の子たちでなんとなく白熱した感じの議論はできます。16時間も設定すると、普段出てこないような子が、皆から議論をふっかけられて、一生懸命答えようとするような場面が結構生まれるのです。こうした経験を通して、強い学び手になりますから、その子は、自信を得て大きく成長するのです。そんなことを意図して、長めの授業を仕組むのです。それは、学級経営上やっているとも言えます。ですから、ある意味、内容は何でもいいんです。「子どもたち自身の探究が真ん中にある」というお話を聞いてそのことを思い出しました。

宮沢賢治の「やまなし」を教材として、「5月と12月、どっちが明るい世界か」という話し合いは、これまでもよく紹介してきました。こういう話し合いをすると「東京タワーとスカイツリーはね、実際はめっちゃ違うんだけど、下から見たら同じようなもんだ。関係ないいんだよね」などといった、とんちんかんな意見が出てきます。自分の意見をなんとか立証しようと思って必死に考えた結果が、とんちんかんな意見になるのです。話し合いも、最後の方になってくると、図書館から厚い辞書を持ってきて、『クラム』と『ボン』は、ドイツ語で、ハマグリと何かを意味していて…」などと、山の中のお話ではありえない説明をし始めたこともありました。そんなとんちんかんな意見が相手方に論破されていくことによって、より深い学びになっていくのです。そうしたことを子どもに任せていたら、自然とそのようにやっていきますよね。過去の経験を通して、この先の話し合いが絶対質が高く面白いものになるということを信じていたから、待っているのでしょうね。

実際の教室をハード面で見れば、黒板があって、教壇があって、子どもの机があって椅子があって、外には廊下があるという構造です。そういう枠組みの教室の中で、「子どもの探究が真ん中にある」教育を求めたいと思っています。そのために、黒板を開放しますし、子どもたちは外に出てもいいわけです。でも、枠は枠として当然ありますよね。そして、学校現場の習慣に縛られていることもあります。

でも、1年間を見通して、1学期の段階は、子どもたち一人ひとりを理解するということや、一斉指導のよさを生かしつつ、指導という側面を多めにしていました。厳密なカリキュラムはありませんでしたが、2学期以降は、だんだん子どもたちに任せていく部分を増やして、というように進めてきましたが、苫野先生がこれから具体化されようとしている「軽井沢風越学園」では、一斉指導と個別化、プロジェクト化の配分といいますか、年間を見通してのバランスは、どんな感じなのでしょうか？

苫野 そうですね、私自身は、時間で言うとするなら、4割、5割の時間をプロジェクト型の探究にあてたいと思っています。これは、現行のシステムの中だけでも十分できそうな見通しをもっています。

菊池 私からすると、すごい勇気だなと思っていまして、具体的にどういうカリキュラムで、どういうシステムになるのか、とても興味があるところです。

苫野 まさにそのことを、今皆で議論しているところですが、基本は、先ほど言いました「学びの個別化・協同化・プロジェクト化の融合」ですね。軽井沢風越学園では、「自己主導の学び」「協同の学び」「探究の学び」と呼んでいます。

ただ、私は教師の役割の一つとして、ティーチングはこれからもとても重要だと思っているのです。やっぱり「教える力」は必要です。でも、45分や50分間ずっとティーチングばかりというのは違うと思うのです。特に風越学園では学びの個別化をしますから、45分まるまる一斉授業をすることはほとんどないだろうと思っています。必要に応じて、必要なことを、10分なり15分なりでピンポイントで教える感じですね。あとは子どもたち自身が、自分たちで学んでいったり、学び合ったりすればいいのです。こういうスタイルにすると、教師の長い説明がなくなるので、結果的にかなり時間も短縮できるんですね。経験的には、一般的な一斉授業・一斉カリキュラムの、だいたい8割ぐらいの時間に短縮できるだろうという見通しをもっています。

菊池 お話の途中ですみません。さっきお話しした4時間見せてもらったという授業、全部で3回か4回しか話し合いがなかったという授業ですが、校外から人が見に来るという授業ですから、当然普段の授業よりも準備をされ、構想を練られたものだと思うのですが、私が見た限りにおいて、当初予定した内容まで絶対に進んでいなかったですね。

苫野 そうなんです。そうそう。

菊池 例えば、算数の単元の最後のところに練習問題がありますが、どの授業も練習問題にはたどり着いていないんですよ。全部、教師の説明が長くて、教師が「分かった？分かった？」という進め方をするものですから、時間的にもロスが多いんですね。

苫野 みんなでこれをやる必要があるのかなと思うことは少なくないですね。

菊池 子どもは、皆、健気に待っていますよね。

苫野 本当に。私だったらちょっと耐えられないなと思うことも多いです。

菊池 崩壊してもおかしくないですよね。純朴な子どもたちだなと思います。教えないといけない、教師は教えるもの、子どもはそれを受けて分かるようになる、そんな呪縛がとても強いんだろうと思います。

苫野 そこをなるべく子どもたちに返していく。返すというか、委ねていって、教師はそれをとことんサポートする。そうしたあり方に変えていけば、子どもたちもやらされている感がかなり減っていきます。時間割も自分で立て、いつ何を学ぶか、誰とどこでどんなふうに学ぶかということが、子どもたち自身に責任がある中で進められていく。自分たちが学びの主役だと思えるようになれば、学びの意欲も高まっていく。国内外の様々な先進事例などを見ながら、そう確信しています。

こういう話をすると、ただでさえ忙しい教師がもっと忙しくなるとよく言われるんですが、これも経験的にはむしろ逆だと思っています。教師が何もかも主導するのではなく、子どもたちの協同の力を最大限発揮させる環境を整えられたら、むしろ先生には、子どもたち一人ひとりを見る余裕が生まれるはずです。

菊池 今から10年以上前になりますが、北九州の香月小学校というところにいたときに、「コミュニケーション大事典」という本を、ちょっとしたきっかけがあって、その時担任していた6年1組の子どもたち全員とつくりました。生活的にも厳しい地域の子どもたちでしたが、コミュニケーション力を分析して、「コメント力」とか「説明力」とかというテーマを一人が一つずつ決めて、完全に個別化された学習をしました。みんなテーマが違いますから、新聞社に話を聞きに行くとか、NHKのアナウンサーに話を聞くとか、デパートのインフォメーションのお姉さんに笑顔力についてインタビューをするとかといった感じです。

その本をつくったのは平成17年です。中央では、ゆとりか学力かと揺れていた時代です。私は、そんな本を北九州の地でつくりながら、ゆとりも学力も両方必要なことは当たり前ではないかと思っていました。さきほど話題になった「総合的な学習の時間」があるわけですから、それを上手く使えばいいと思って、その時間の中でつくりました。こうした原稿は、基礎学力がなくては絶対にできませんから、徹底して基礎学力も鍛えました。全て子どもたち自身がパソコンのワープロソフトで入力しましたから、キーボードへのローマ字入力トレーニングも徹底しました。

私は、ごく自然にずっと思っていたことがあります。「総合的な学習の時間」など特にそうですが、授業は、カリキュラムの編成も含めて、主体は教師の側にある。教師は、主体的、かつ自由に授業ができる。それを生かさない手はない、ということです。

平成17年から、もう12年経ちましたが、残念ながら変わらないですね。

苫野 そうなんですね。私、希望も含めてあと10年、15年で変わると思っているのですが。

第1章 学校は、何をするところか？

3 「道徳」の教科化を考える

菊池 冒頭申し上げましたが、苫野先生が道徳教育について、「民主主義において必要なのは『道徳教育』ではなく『市民教育』である」（熊本日日新聞 2017年7月11日付）と書かれていました。先日、道場のメンバーと2018年度（平成30年度）からスタートする「特別の教科 道徳」についての学びをしました。その中で、「道徳教育のめざすもの」という話になったときに、群れて空気で動く「世間」に対し、個が確立した市民がつくる「社会」をめざして、道徳教育を進めていく必要があるという話になりました。そんなときに非常にタイムリーに苫野先生の主張に触れ、私の中ではとても心強く思いました。教育界には重鎮と言われる方々が何人もいらっしゃいますが、道徳教育にも大きな影響力のある先生がいらっしゃいます。その中には、学習指導要領に示されている内容項目の中でも「国を愛する心」こそが肝心であるという主張をされる方もいます。修身の流れそのものです。「特別の教科」になるという状況の中で、市民教育、市民を育てるという考え方とはおよそ違う背景や歴史をベースにされている方がいることも事実です。「国を愛する心」をめあてに掲げた授業をすることは抵抗がある地域もあるとは思います。そんな経緯がある中で「特別の教科　道徳」が始まる訳ですが、苫野先生の主張について、もう少し詳しく、あるいは具体的にお話ししていただけますか？

苫野 私は、哲学者として、道徳や道徳教育のそもそもについて考えています。「そもそも、道徳とは何か？」という問いに答えられる人は、道徳教育を推進している方々の中にも多分ほとんどいないだろうと、私は思っています。さらに、「なぜそれを、学校教育の本質的使命としてやらなくてはいけないか」ということに答えられる人は、もっといないのではないかと想像しています。それもそのはずで、実は道徳教育は、哲学的な観点からすればそもそも公教育ですべきではないのです。なぜかというと、道徳、モラルということを哲学的に難しい言い方をすると「任意の多数性をもつ」と言うのですが、それぞれの人がそれぞれのモラルをもっているからです。そしてそのどれが優位か、あるいは正しいかということについては、決して証明できないことなのです。

菊池 結果、戦いになると。

苫野 はい。モラルは必ず戦いを引き起こします。ヘーゲルという哲学者はこれを「徳の騎士」と呼びましたが、正義の人、道徳の人は、一見正しい人のように見えるのですが、道徳的になればなるほど「騎士」になってしまう傾向があるのです。そして、異なる道徳をもった人を攻撃するのです。

西洋哲学の一つの到達点は、「誰のどのモラルが正しいかを巡って争うのはもうやめよう。そうではなくて、どんなモラルのもち主も、互いに自由で平和に生きることができるルール社会をつくろう」という考えを出したところにあります。それが市民社会です。どんなモラルや信仰のもち主でも、それが他者の自由を侵害しない限り、まずは認め合う。その上で、みんなが納得できるルールをつくり合う。それが市民社会です。

菊池 そういう意味で「個をつくる」と私も考えています、「私は、○○が大事。私は、△△が大事」ということを主張し合うだけのモラルでは、先がありません。

苫野 はい。しかも、公教育の中に取り入れられようとしている道徳は、「国を愛する心」にせよ何にせよ、一つの「徳目」に到達させるということですからナンセンスなものです。「モラルは、任意の多数性をもつ」にもかかわらず、「とにかくモラルとして○○を学びなさい」ということですから、非常におかしなことになってしまいます。近代公教育は、設立にいたる過程や事情はいろいろありましたけれども、哲学的には、「異なる多様なモラル、異なる家庭、信仰、価値観などをもった人たちが共存できるルールをつくるための一番の根本は教育である」というのが、本来の使命です。だから、モラル教育、道徳教育というのは、公教育の目的から考えても相容れないものなのです。必要なのは、ルールを共につくり合う経験、その教育なのです。

菊池 ましてやそれを教科にするのはおかしいと。

苫野 そうですね。ただ、初めにも申し上げましたように、教科になってしまったからには、意義深い道徳教育の実践ができればとは思っています。文部科学省は、「特別の教科　道徳」を始めるにあたり「考え、議論する道徳」という考え方を展開しようとしています。「考え、議論する道徳」は、私は相対的には悪くないと思いますが、実際問題として、道徳の授業をどのように展開していくのかということが大切になってきます。先ほど、ルールをつくり合う経験をすることはとても重要だと言いましたが、実は学習指導要領の中で示された内容項目には、「法やきまりの意義を理解したうえで進んでそれらを守り」とは示されていますが、「ルールをつくり合う」というのはありません。これは問題だと思っています。

あと、ここ数年私は、「プロジェクトとしての道徳教育」を提言しています。道徳的・倫理的な問題、例えば安楽死とか脳死臓器移植、死刑、テロリズムなど、子どもたち自身が関心をもったいろいろなテーマについて、自分たちで問いを立て、自分たちなりの仕方で、自分たちなりの答えにたどり着き、それを発表して議論する。個人でやってもチームでやってもいいと思いますが、とにかく、お仕着せの教材や徳目に縛られすぎることなく、自分たちで様々な道徳的テーマについて探究し議論していく。こういう授業は、「考え、議論する道徳」の一つの充実したあり方になるのではないかと考えています。

菊池 もっと複合的な学びになっていきますよね。授業の進め方について、型にこだわっていたり、統率する意識の強かったりする地域で、道徳の内容で飛込の授業をさせていただく際、最初に聞かれるんですね、「徳目は何ですか、教材は何ですか、使う資料は何ですか」と。学級や子どもの実態も分からないでまさに飛び込んでいくわけですから、準備をするにも限度がありますし、「いやあ、まだ考えていません」としか言いようがないですよね。そんなに大切なことかなあと、正直思ってしまいます。最初から「○○をします」と意識することの方がおかしいというか、目の前の子どもたちの様子を見ながら臨機応変に授業を進めざるを得ない状況の中で行う道徳の授業なんですから、「決めておいたことを教える道徳」をやはり想定しているのかなと思ってしまいます。もし、どうしても徳目が必要だったら、後からどうにでも入れられると思うのですが。

苫野　本当ですね。

菊池　苫野先生が例として「ルールをつくり合う」ということを先ほどおっしゃられましたが、私たちの道場の学びの中で、道徳の授業の中でいろいろ議論した結果として、「自分だったらこうするよ。この方法を選ぶな」とか、「自分だったらこの条件の中でこれを選ぶな」という行動選択能力。つまり、価値判断の質を吟味し合って高めていくことが、「考え、議論する道徳」の先にたどり着くものとしてあるという話をしました。選択する能力を高めることに道徳の価値と目的があるということです。

苫野 まさにそう思います。

菊池 ある学校で見せていただいた2年生の道徳の授業では、ある副読本のこんな教材を使っていました。「髪の毛を切りすぎて、恥ずかしいから学校に行きたくないと思っていたA君。教室でなかなか帽子をとれないでいると、友達から教室では帽子をとるように言われ、結果、髪型を笑われてしまう。傷付いたA君はそれから3日間学校を休んでしまう。心配したB君がA君の家に行き、B君が帽子をとると、A君と同じ髪形になっていた」というあらすじです。その先生は、副読本の指導書に書かれているであろう「登場人物の温かい友情……」のとおりに授業をされていると容易に予想できました。2年生の段階ですから、百歩譲って友情という徳目を教えるということはあってもいいのかもしれませんが、「A君の髪形を、友情を大切にして自分もするか?」ということです。常識としておかしいですよね。私は、その先生に「B君がとった行動が一番よかったか？」というテーマで話し合いをさせてもらえませんかと話しました。

苫野 いやあ、本当に、本当に。

菊池 確かにそうした行動を選ぶ子がいてもいいですけれど、それ以外にもいろいろな行動の仕方はあるでしょう。徳目主義になると、そういうおかしな授業が行われ、事後の協議会では、発問や指示の内容ばかりに議論がいって、その部分はブラッシュアップされるかもしれませんが、道徳のめざす方向が見失われてしまっています。菊池道場の道徳教育の方向の一つとして行動選択能力を高めるということを据えたいと思っているところです。

苫野 ちょうど昨日、道徳教育をテーマにして卒業論文をまとめようとしている私のゼミ生が、道徳の副読本とその指導書を持って「これ、おかしくないですか」と研究室に来ました。その教材では、有名なスポーツ選手が取り上げられていて、「怪我をしても諦めずに頑張りました。夢を叶えるって素敵ですね」というようなお話です。これに対する意見はいろいろあっていいですよね。「夢に向かって頑張るのは大事だ」と言う人もいれば、「怪我をしたら休もうよ」という意見もあるし、「みんなが夢を叶えられるわけじゃないんだから、夢をもち続けるというのも疲れるよ」という意見だってあっていいはずです。でも、頑張ることが絶対の価値として用意されていて、その方向にもっていかれることに、彼は強烈な違和感を覚えたと言うのです。「指導書には、そのように授業を進めましょうと書かれているけれども、それでいいのでしょうか？」と言っていて、私は「いいところに目をつけたね」と話をしたところだったのです。菊池先生が先ほどおっしゃられた通り、行動選択能力を高めていくことですよね。何か一つの方向に導くのではなく、多様な意見を出し合う。ただし、出し合うだけで「みんな違ってみんないい」で終わってしまうのではなくて、私は「第3のアイディア」と言っていますが、もっといいアイディアはないかなと一緒に考え合う、そういうクリエイティブな議論が行われるようになれば、道徳の授業も意味があるものになっていくのではないかと思います。

菊池　道徳の授業に限りませんが、45分のあり方とか、45分をどのように活かしていくのかという点でこれまで教師はちょっと無自覚だったなと思います。

苫野 行動選択能力を育む、ということに、もっと自覚的であるべきではないかということですね。

菊池 その根底には、一人ひとりが違っていて、個が確立していて、みんなで話し合ってみんなで決める、その上で自己決定は自分のところに戻る。それが繰り返されるわけですよね。一回きりではなくて、そういった集団としての教室、集団としての学びを、教師がつくろうと考えていなかったら、どんな教材を道徳で扱おうと、どんな教科が新設されようと、教育のあり方は変わらないということになってしまうのではないでしょうか？どこかでくさびを打ちたいなという思いがあります。

苫野 菊池先生は、どんな形でくさびを打とうと考えられているのですか？やはり、実践を広めるということですか？

菊池　私は、基本はコミュニケーション力、コミュニケーション教育だと思っています。それは、全教科全領域を通して、学校の朝から帰りまで、それは基本的に全部に当てはまりますから、苫野先生が「第３のアイディア」と言われましたが、相手を理解するためにコミュニケーションをとり、相手と共にいい関係の中で成長し合うためにコミュニケーションをとるわけです。二項対立して、足の引っ張り合いをするためにコミュニケーションをとるわけではありません。対話を通して個が育つ、集団として高まることをめざすわけです。ポイントは、コミュニケーション力をどういう形で子どもたちに身に付けさせ、その喜びや楽しさみたいなものが芯として残る。そこかなと思っています。

苫野　コミュニケーションが豊富にとれる授業や学校をつくっていくことを探究されると。

菊池　そうですね。夢の夢としては、時間割の中に1時間でいいから小学校にコミュニケーション科ができて導入されるといいですね。そこまでいかないと、教師の意識も変わらないのではないかと思っています。

第1章 学校は、何をするところか？

4 多様性が生み出す豊かな学び

菊池 今、学力テストに代表される「点数化される学力の向上」ばかりに学校のエネルギーが注がれています。その上で、何となくペア学習とか、グループ学習とか、班学習をして、何となくアクティブ・ラーニングをしていますという状況が多いと感じています。そこには、自由に立ち歩いて対話をしたり、議論をしたりするといった、主体的な学びの姿はありません。つまり、目に見える、点数化される学力を向上させるということに四苦八苦している状況ばかりです。いろいろな学校に行った際に、学校要覧に掲載された時間割を見せていただきながら、「朝ドリルの時間をつくりました。放課後の補習の時間をつくりました」との説明をお聞きします。もちろんそれは悪いことではないし、取り組みを進めて成果が出ればいいなとは思います。一方で気になることは、教室の子どもたちに、書く力、コミュニケーション力、関係性といった見えない部分の力がとても弱いことです。私は、圧倒的な書く力、圧倒的な読書量、圧倒的なコミュニケーション力、圧倒的な相互承認に代表される関係性といったものを育てることが本当に大切なことだと思っています。

そうした土台の部分がなくて、アクティブ・ラーニングをしても、あるいは「読み・書き・計算」のやり方だけを学んでも、深い学びとか、健全な個が育つ集団とか、たくましさといったものは、絶対に出てこないと思います。

その意味で、苫野先生がこれから個別化、プロジェクト化を進められていく中で、カリキュラムにも関わる部分かもしれませんが、今言いました「圧倒的な〜」の部分をどのように保障されようとしているか、とても興味があります。「圧倒的な〜」を築いていけば「点数化される学力」も上がっていくでしょうし、ディベートをしたとしても学びが豊かになっていき、関係の深い学級集団になっていくと思います。

身に付けさせたい「圧倒的な○○」

菊池省三

〈朝から帰りまでのカリキュラム・マネジメント〉

①圧倒的な読書量…年間100冊以上、常に机の上に本

②圧倒的な価値語量…価値語の植林、常に机の上に辞書

③圧倒的なコミュニケーション量…会話・対話・議論、対話中心の授業

④圧倒的な書く力…成長ノート、歩くように息をするように

⑤圧倒的なスピード力…スピードは速ければ速いほどよい、教師の短文力

⑥圧倒的な即興力…自分らしさの発揮、「群れるな、競い合え、発言せよ」

⑦圧倒的な関係性…質問タイム、ほめ言葉のシャワー

苫野 いや、本当にそうですね。「個別化・協同化・プロジェクト化の融合」の中で、一番重要なことは、融合という言葉です。個別化だけをするのはだめです。それだと孤立

してしまうんです。個別化には、必ず協同化が融合している必要があって、私たちは「緩やかな協同性に支えられた個の学び」というような言い方をしていますが、必要に応じて必要な人とつながりながら学ぶことができるということが重要です。そうした安心感の中で、子どもたちがそれぞれの学びに浸り切る。それが、「圧倒的な〜」の一つの条件かなと思っています。

学力があまり振るわない子がいる教室で、みんなで一緒に学習をしているときにその子が、自分ができていないのを見られたくなくて、ノートやプリントを隠しているような光景がありますよね。

菊池 逆に、できている子がテストの時などに、他の子に見られないようにと隠していた…。昔、ありましたね。さすがに最近は見なくなりましたけど。

苫野 教室で一緒に学んでいる子同士の会話で、「分からないから教えて」って言うと、「自分でやらなきゃだめだよ」とノートを隠されたなんていう話も聞きます。こうしたことは、関係性ができていない教室の象徴的な光景ですよね。クラスの関係性がしっかりしていて、共に学び、皆で助け合うものだという発想がないと、そんな会話になってしまいます。個別化する時に、協同化をセットにすれば、「ああそうか、困ったら人の助けを借りればいいんだ」「自分は、人を助けることもできるんだ」という感じがやってきます。こういう緩やかな協同性に支えられた学びを基本に置きたいなと思っています。そうすれば、安心して「圧倒的な」学びに浸ることができると思うんです。

菊池 教室で飛込授業をしている中で「自分の考えを書いてごらん」と指示をして、しばらくしたら「じゃあ、この列立って。一人ひとり考えは違っていていいんだよね」と確認をして、発表させます。飛込授業で、一人ひとりの細かな事情は分からない状況ですから、発表できない子も、時には出てきます。そんな時私は、「じゃあ、この子が今思ったり、感じたりしていることは、こうじゃないかなあって、違っていていいから言える人いる?」と聞きます。すると、「あっ」と驚いた顔をする教室と、パッと手が挙がる教室とに分かれます。手を挙げた子に答えてもらうと、答えられなかった子は「大体そんな感じかな」って言います。こんなやりとりの中に、普段の学級の子どもたちの関係性が見えると思うのです。

「自由に立ち歩いて相談してごらん」と指示するときは、対話ですから「①しゃべる　②質問する　③説明し合う」の三つは大前提と考え、期待しています。それができる学級だったら、話し合いの飛込授業の中で「役に立ち合えた」「役に立ち合おう」というところまで育てたいと思っています。そこまでいけるのは、日頃からコミュニケーションが豊かにある学級です。普段のコミュニケーション量が少ない学級は、役に立つ以前の段階で止まってしまいます。それらは、全て教師の日常の考え方の反映です。パッと手が挙がる学級、話し合いのときに「そうだ、そうだ」と一生懸命説明する学級、一生懸命質問してその子の意見を引き出すような学級。教師にそうした視点があれば、授業は全然違ったものになると思います。

苫野　クラスが安心・安全を土台にしたコミュニケーションの場としてどれだけつくられているか、菊池先生は、その仕掛けをいっぱいつくってこられたわけですね。

菊池　ある方は、学校にアクティブ・ラーニングが導入されようとしている現在の状況を、「アクティブ・ラーニング　バブル」と言われていました。やり方・方法を導入した時に、落ち着いた学校や附属小学校などでは、それなりに上手くいくかもしれませんが、普通の公立小学校ではまずできません。無理に導入しても形式的に形を整えるだけになってしまいます。結局、いろいろな子がいて、その子のよさが生きるような状況じゃないと、あるいは関係性がなかったり、どんな子どもを育てようかという視点がなかったりすると、やはり形だけの導入で終わってしまいます。折角、大きく変われるチャンスが今やってきているわけですから、それがまた実態を伴わないバブルで終わってしまっては嫌なので、私の考える本質について、自分なりの言葉と事実でお伝えしていこうと、それこそ、少しは役に立つかもしれないし、何らかのプラスと捉えて頑張ってくださる先生もいらっしゃるのではないかという気持ちで、今を過ごしています。

苫野 話は戻ってしまいますが、教員養成システムが、本当にネックになっていると改めて思います。

菊池 システムの問題は大きいですね。先ほど、学生の方たちは、半期もあれば、コミュニケーションもできるように成長する、というお話がありました。私は、コミュニケーション力の中で、「即興力」に相当こだわっています。対話も即興力ですよね。そんなことを念頭に、「書いたら立ってごらん」と授業中に言うと、「書いてません」とか、「まだ途中です」と言って終わらせようとする子どもに出会うことがあります。そう言えば、答えずに座れると思っているわけです。あるいは、何かを答えたときに私が「なぜ？」と重ねて聞いたときに、「だって…」と言えればいいのですが、固まってしまう子どももいます。「例えば？」と聞かれたら、即答できるような力を付けさせたいのです。そういう対話の肝になる即興力も、大学生だったら半年間それを鍛える機会をつくってあげれば、必要に感じて、友達の話す様子をモデルにして、あるいは友達に影響を与えながら、眠っていた力が目を覚まして、どんどん力が伸びていくのではないでしょうか。今育てたい力の肝がそこだと思っています。

苫野　なるほど。私も、そうした学生たちの即興力を鍛える機会を、もっとつくりたいなと思いました。

菊池　面接で、模範解答を知っているのに、自分の中の言葉で喋ろうとするのは、ある意味、即興力ですね。

苫野　私のゼミは教育哲学ゼミですので、学生たちは、そうした即興力が必要とされる議論には鍛えられているかなあと思います。哲学に「本質観取」という、物事の本質を洞察し上手に言葉にしていく方法があるのですが、学生たちはしょっちゅう、「嫉妬とは何か」とか「ルールとは何か」とかいった議論をゼミ室でしています。

即興力とか議論する力とかいっても、一朝一夕には育まれませんよね。私は、学生たちにはとにかくたくさん本を読むよう言っています。大事なのは、そうやって「言葉をためる」こと。そして「言葉を交わし合う」ことだと。そんな経験を通して、自分の意見を育み、議論し、様々な問題についての共通了解を見出していってほしいといつも言っています。そもそも意見をもつとか、言葉を交わすという経験がほとんどないままに大学に来ている学生も、残念ながら少なくありませんので。

菊池　意見は考えて自分でつくるものだという発想がないですね。どこかの教科書や参考書にあったかな、いつ習ったかなと、自分の外に答えを求めてしまいます。自分の中にあるはずなのに、つくるものなのに。

苫野 教育学部に入ってきた学生たちの典型的な最初の姿ですね。私もいつもそこで悩みます。「ああ、今年もここから始まったか」と、結構辛い思いをします。

一方で、今年は、全学教養の授業をもつことになりまして、すべての学部から100人くらいが集まりました。毎回、安心・安全の場を上手につくろうと、不十分ながらも頑張っていますが、全学教養の場合は、教育学部生だけの場合とは違って、それが上手につくりやすいと感じています。それは、学部が違うのでいろいろな学生がいて、多様性が当たり前になっているからです。空気を読まなくても、自分と周囲の考えが違って当然だという思いがあるんですね。その授業では、良質の討論番組を見ているかのような議論が、ドッカンドッカンと起こりました。その時に、とにかく教室には多様性が重要だということを改めて強く思いました。皆が同質であることを求められている環境だと、どうしても空気を読んでしまうけれど、多様であることが当たり前の環境だと意見を普通に言えるんだなと感じました。教育学部は、どうしても同質性が高いのですが、それでも多様性を土台にした安心・安全の場をつくれるようにしたいなと奮闘しているところです。

菊池　特に公教育はいろいろな子がいるから、つまり多様性をもっている教室だから、ダイナミックな授業ができるのだと思います。でも、今は排除の論理が強くなっています。排除への迎合がどんどん進んでいます。二次障害的に特別支援を要するお子さんが増えていく状況も生まれています。依然、授業観が変わらず「きちんとしなさい」と子どもをコントロールするタイプの先生が多いからではないかと思います。

今の苫野先生のお話をお聞きしていて、思い出したことがあります。厳しい学校で前年まで荒れていた6年生の子どもたちを担任したときのことです。荒れていたとは言っても、子どもたちは一生懸命頑張っていました。その様子を見て、私は早い時期にディベートをしました。能力面では高かったと思うのですが、心と言葉がついてこなかった感じがありまして、ディベートをしても相手を徹底的に潰しにかかってしまうような感じになりました。7月の終わりのことでした。「ああ、どうしたもんだろう」と思いながら、熟議を取り入れてみました。ディベートと熟議、一見、現象としては逆の性格をもっています。熟議をするととてもよかったのです。次の年にまた6年生を担任して、熟議を取り入れてみましたが、その時はうまくいきませんでした。あまり議論が深まらないんですね。学級ですから、30人いたら、一人ひとりもちろん違いますが、同じ地域の6年生ですから、同質性が高いと言えば高い集団です。そんな中で比較をしたときに、前の年の6年生は、「いいね」「なるほどね」「じゃ、こうだね」「そういうときにはさあ」と意見を出し合えていたんだろうと思います。ディベートをしていたから、次の年の6年生は「いいね」「いいね」と賛同しているだけで浅いところまでしかいかなかったわけです。

いろいろな立場の人が、年齢も職業も異なった人たちが集まって、皆で議論をするのが社会ですよね。全学部の学生が集まった状況はそれに近く、私の2年目の学級は、「ああ、熟議の仕方だけを教えも中身が伴っていかなかったのは、同質性が高かったからなのかな」と、当時考えたことを思い出していました。

苫野 本当にそうですよね。多様性のないところで議論をしても、なんとなく「いいね、いいね、いいね」と共感ごっこみたいになって、全く意味がありません。ますます、お互いが空気を読み合うような感じになってしまいます。

菊池 「ほめ言葉のシャワー」で一人ひとりの多様性を認め合う。そういう関係の中でコミュニケーションの力を付けていく。そして、個を確立させていく。苫野先生にそのように整理していただいて、私は、基本的にはそういう流れでやってきたんだなと確認しています。

苫野 コミュニケーション力って聞くと、たまに営業マンのトーク術みたいなものが思い浮かべられたりしますが、一人ひとり、コミュニケーションの仕方って違いますよね。それに気付くきっかけがとても重要だと思います。それぞれにとって必要なコミュニケーション力は、やっぱりそれぞれ違いますから、例えば「プロジェクト型の学び」とか、「緩やかな協同性に支えられた個の学び」というのは、そうした一人ひとりにとって心地のよいコミュニケーションの仕方を見つけていく場でもあると思っています。チームで行うプロジェクトだとしたら、一人ひとりの役割が全く違って、「自分はこういうふうに人とかかわればいいんだな」「こういう人と合うんだな」「合わないけどこういうふうにしたら折り合いがつくんだな」ということを、たっぷりあるコミュニケーションの機会の中で学んでいけると思います。

今、私のゼミに不登校の中学生と高校生が、毎回参加しています。彼女らは、知的にかなり早熟で、周りの子どもたちとちょっと合わないのです。でも、大学生とは知的レベルが合うみたいで、対等に議論をしています。つまり彼女たちは、自分が生き生きできるコミュニケーションの仕方、生き生きできる環境を見つけたということだと思うのです。こうした例のように、多様な人たちと、いろいろな仕方で、たっぷりコミュニケーションできる機会があれば、自分はこういう時にはこういうふうにやれば心地いいんだなという発見ができると思います。「黙って、座って、先生の話を聞いて、ノートを取って」みたいな教室では、それを見つける機会があまりないのです。

菊池　そのうえ「ワケイ」がありますからね。「賛成です。何故かと言うと…」のような。

苫野　あれは、最近始まったことなんですか？

菊池　昔からありましたね。いろいろな学校に行く中で、それがよく残っている学校もあります。一斉指導型の昔の学級会の時の名残かなと思います。それを話し合いの時だけでなく、国語でも算数でもやっていますね。でも、それで話し合いの活発なクラスになるのかということですよね。多分、「挙手、指名、挙手、指名」で、一部の子が発言するだけの授業ですよね。悪しき一斉指導の典型です。

苫野 すごく違和感を覚えますよね。コミュニケーションの仕方まで指示されて、型にはめられてしまうわけですから。

菊池 そうですよね。討論のときに、教室の対極にいる端と端の子が意見を出し合っている。そういうケースがあってもいいけれど、でも考えてみてください。私たちが議論をするときにそんな距離でしますかということです。するはずがありません。近い距離に集まって、「こうじゃないか」「ちょっと待って、ちょっと待って」と対話をするのが普通です。なのに、さらに「話型」を当てはめてさせようとするのです。

苫野 「話型」ですね。なるほど「型」ですか。

菊池 はい、地域によって違う言い方をするかもしれませんが。先ほど申し上げた「圧倒的コミュニケーション量」に関連して言うと、その表現の仕方も一人ひとり違っていいわけです。「こう思う」ということを表現するのに、文章にする子もいますが、「ぼくは、ちょっとあれだけと、こんなイラストに描いてみたんだけど、こうだからさあ」という子もいます。その方法も違っていいわけです。

苫野 そうですね。

菊池 自分にとってどんな方法がいいのかっていうことが見分けられるくらいまで、子どもたちにいろいろなことを経験させてあげることで、子ども自身が「ぼくはこの方法で」っていうようになっていくのでしょうね。それをいつも「ちゃんとノートに書いて」とばかりやっていたら、その子らしい話し合いの場をつくることはできないのではないでしょうか。

苫野 私は、哲学者なので、「自分の役割としてこうあれたらいいな」と思っているのは、「常に原理を敷き、立ち返る場所をちゃんとつくっておく」ということです。

教育の方法、あり方、やり方に関しては、いろいろな先生の価値観がある上に、環境も違いますから、意見の対立も多いと思います。さっき話題となった「話型」なども、型にはめていくことが好きな人は、それがいいと思っているのでしょう。その一方で、子どもたちをもっと自由にさせたほうがいいと言う人もいます。そうした対立があったときに、「何のための教育かということを、もう一度考えましょう」と議論の土台を敷き直すのです。

公教育の原理、その本質は、「子どもたちが自由になる力を育むということ、そして、相互承認の感度を育む」ことです。もしこの原理が認められるとするならば、「型にはめること」で「自由になっていくんだろうか」「その実践は本当に子どもたちの自由を実質化する実践なのか」「相互承認の感度を本当に高められる教育なのか」という振り返りの一番の指針になります。「自由とその相互承認」というキーワードを置くと、自分の実践を振り返る最も深い視点が得られると思うのです。

「あれ、やっぱり『話型』というのは、子どもたちが自分の言葉を紡いでいく、自分の言葉をつくっていくことを妨げているんじゃないかな。もしそうだとしたら、自由になる力を奪ってしまっているんじゃないかな」「こうやって型にはめていくと、子どもたち自身がお互いを自分たちの仕方で認め合うチャンスを、もしかしたら奪ってしまっているんじゃないかな」といった振り返りの視点にもなるし、対立も解消できると思います。「何のためか」ということを、常に置いておきたいのです。それがあれば、よりよい在り方を考え合っていくことができます。菊池実践がなぜ「よい」と言えるかということも、「ここに理由がある」と言えるようになると思います。そうでないと、単なる価値観や趣味の対立になってしまいます。『ほめ言葉のシャワー』が心地よくてすごく好き」という人がいたり、「いやいや、ぼくには肌に合わない」という人がいたり。趣味や感受性の違いはもちろんあって当然なんですが、それがそのまま、「この方法が絶対正しい」とか、「あの方法は絶対間違ってる」とかになると不毛なだけです。

菊池　方法の好みの問題になってしまいますね。今のお話を聞いていて、私は、例えば「価値語」を提案していて、「言葉が生まれ育つ教室」をつくろうと呼び掛けています。「これ覚えたか?明日、ミニテストするぞ。はい100点、お前60点、何だ覚えていないじゃないか」という教室ではなくて、みんなの協同体と言ったら大げさかもしれませんが、そこに共通の定義付けができて、自分たちにとって心地いいっていう言葉が生まれ育つような教室をつくりたいなと思いますね。

苫野 相互承認の空間ということだと思います。

菊池 そうですよね。

5　自分をつくった原体験、「相互承認」と「ほめる」

菊池　苫野先生が、現在、教育哲学を探究し、「自由の相互承認」というキーワードにたどり着いた原体験のようなものがあったのでしょうか？

苫野　私は、変わっていたというか、もともと哲学的な少年で。幼少期にいろいろあって、小学校1年生の頃から、「なんで生まれてきたんだろう」とか、「なんで生きているんだろう」というようなことを本気で悩んでいました。そうすると、どんどん友達と話が合わなくなって、友達が好きなものも好きになれなかったんですね。当時は、ゲームがすごくはやっていましたが、全然ゲームに興味をもてなくて、手塚治虫の「火の鳥」と「ブッダ」ばかりを読んでいました。そんなことをしていましたから、もう完全に友達の中では浮いてしまって、話に入れない状態でした。そうすると、私も頑なになって、誰にも理解なんてされてたまるかと。

そして、どんどんどんどん、友達がいなくなって、中学2年で「便所飯」を始めました。このように友達がいなかったというのが最大の原体験で、いつも思っていました。「なんで、みんな同じような価値観をもたないといけないんだ」「なんで、同じような子どもたち、同じ学年の子どもたちが、同じ所に集まって、ずっと一緒にいなければいけないんだろう」と。とても苦しい時代でした。

もう一つ、勉強があまりできなかったのです。今の時代だったら何かしらの病名をつけられたのではないかと思うほどです。私の地元は受験競争がとても激しいところで、とんでもない塾に入れられました。毎回テストをして、ベスト3とワースト3を発表するのです。私は毎回ワースト1位。そんな状態ですから、とんでもなく劣等感をもっていました。

ところが一方で、手塚治虫の漫画は全部記憶していたんです。ですから、心のどこかには、「こんな勉強がなんだ」というような思いがありました。やせ我慢ではないですけれど、自分の本当に好きなことをとことん探究したら、自分はちゃんとものにすることができる、というような思いですね。

ただ、先生に恵まれていたことが救いでした。私のことをすごく理解してくれて、認めてくださって、承認してくださった先生がいらっしゃいました。それで何とかもちこたえることができたと思います。こうしたことが原点です。

ただ、いつも自分に言い聞かせていることは、私自身が「一般化のワナ」に陥ってはいけないということです。私の経験を過度に一般化して学校を語るようなことは、自覚的に慎まなければと思っています。

「教師　菊池省三」（p.76　中村堂）から語りを引用

あの子はあの子の学びのスタイルがあると思うんですよね。それは、あの子は、確かに目立つけれども、じゃあ、目立たない子はみんな一緒かっていうと、そうじゃないと思うんですね。それぞれの学びがあるわけですよね。

あの子は、そのことを逆に、教師に対して、我々に対して、アピールしているっていうことですよね。

「僕にあった学びのスタイルを見つけてほしい」、あるいは「それをください」って言っているんじゃないかなって思います。
一斉指導から、その子の変容を大事にするこれからの学びの必要性を、私たちに教えてくれている子ではないかと思います。

（菊池省三）

菊池 苫野先生を認めてくれた先生に出会われたのは、小学校ですか？中学校ですか？

苫野 最初は、小学校です。たっぷりと承認が得られる経験があったので、それが救いだったと思っています。
あと、自分が落ちこぼれで、勉強について行けなかったことが、「個別化」の発想の基になっています。私は、メモをとることができないとか、興味をもてないことはとことん記憶ができないということもあったので、「この勉強の仕方では、ぼくは無理なんです」とずっと思っていました。自分なりのやり方でやればできるという思いが当時からありました。

菊池先生が現在のような考え方に至った原体験はおありですか？

菊池　私の場合は、就職してからですね。就職して2年目でした。職場に個人的にはとても仲のいい先輩がいました。年齢は3つぐらい年上のとてもまじめな方でした。大量採用の時代ですから、同年代の仲間がたくさんいました。まだ土曜授業があった時代で、土曜日の午後に授業を公開して研究し合うというようなことをしていました。

100人ぐらいの先生が集まっていたと思いますが、45分間の初めのうちはほとんどの参加者が、その先輩の授業を見に行っていました。ところが後半になると、だんだんと自分の教室の方が参加者が多くなってくるのです。先輩の授業の内容は、おおよそ予想がつきます。「気持ち悪くなるほど、登場人物の気持ちを問い続けるような授業」です。私の方は別に対抗してやっていたわけではないですが、自身の性格的なこともあって、割と表現系で、子どもたちが活発に動く授業をしていました。授業が終わったあとには協議会があるのですが、そこでは「単元学習とは…」とか、「教案上の…」というようなことだけが話されて、教室の子どもたちの事実については何も話されないことに驚きを覚えました。

その後、先輩が別の学校に異動しました。行った先の学校で、先輩は「特別活動の学級会」をテーマに研究をされていました。その学校で公開授業があって私も参加しました。

「どの子も発表する学級会」みたいなタイトルの公開授業だったと思うのですが、全然実態はそうではないんですね。完璧なマニュアルが作られていて、司会のしおりみたいなものもあって学級会の進め方が全て先生の手によってまとめられていました。私は、正直「なんじゃこれ」と思いました。さすがにだめだなと思いました。子どもたちが楽しくない授業だし、子どもたちが本気になっていないし、学びに向かっていないし、形だけを整えようとしている、と思いました。その先輩個人が悪いということではなくて、北九州市という地域全体がそういう感じになっていました。それをよしとする雰囲気と言っていいかもしれません。実質を伴わない中で研究ごっこをしていることにうんざりしたのです。

私自身は、それからコミュニケーション教育に入っていき、ディベートに出会ってそれを教室の中でどう生かすかということへの取り組みを深めていきましたので、授業観が違います。特別活動部会、社会科研究会、国語研究会など、もう全てと言っていいほど、私はその先生たちとぶつかりました。今思えば、それはそれでいい勉強になりましたが。

苫野 お話しいただいたような状況に対して、そもそも違和感を覚えられた、その根本には何かあったのですか？

菊池　先ほどの苫野先生の子どもの頃の体験をお聞きしながら、自分は単純だったなと思っていたのですが、私は友達と遊ぶことが大好きでした。自分たちの秘密基地をつくるなどのいろいろな遊びをしていました。毎日がアドベンチャーでした。学校も、友達と楽しく遊ぶ場所で。仲のいい先生にお願いして、休みの日に理科室を開けてもらって孵卵器を使わせてもらったり、体育倉庫から高跳びの道具を出して砂場にセットして友達と記録を競い合ったりと、学校はワンダーランドのような所でした。

苫野　ある意味真逆の学校体験をしたのに、行きつくところが似ているわけですね。すごく面白いなと思いました。

私も協同的な学びを提唱していますが、それは実は、子どものときの体験からある意味逆説的に推進しようとしているんです。

菊池　そうですよね。

苫野　子どものときに一番怖かった言葉は、「好きな人とグループを組んで」でした。

そう言われても組めないので、「先生、トイレに行かせてください」と教室から離れ、戻ってから先生に、「トイレに行っていたので組めませんでした」と言うのです。先生は、「じゃあ、仕方がない。そこに入れ」と言って、グループに入れてもらう。そんなサバイバルをしていたのです。ところが、逆説的に考えると、もし日常的に、そうしたコミュニケーションの機会が多くあれば、それ自体をそんなに恐ろしいことと考えなかったのではないかと思うのです。あの言葉が怖かったのは、2か月か3か月に一度だけ突然言われるからなんですよね。その瞬間に、クラスの中のヒエラルキーが見えて、誰かがハブられるんですね。そういうことは、本当に突然、しかもたまにやって来るから怖かったのです。普段から、いろいろな人たちと、人間関係の濃い薄いを超えて、コミュニケーションをとる機会があれば、必要に応じて、必要な人と組むなど、自分なりのコミュニケーションの仕方を学ぶ機会はあったはずです。

私は、自分なりの心地よいコミュニケーションの仕方をここ20年くらいの中で見つけてきましたが、学校がそうした機会をいっぱい用意してくれていれば、あの時の少年の私は、きっともっと楽しく学校生活を送ることができたという思いがあります。

菊池　私が物心ついたなと思うのは、小学校4年生の頃です。その4年生のときに知能検査があって、その結果について母親が学校に呼ばれたのを覚えています。先生が、母親に「結果が、平均からかなり下回っている。何かあるんじゃないか」っていう話だったんですね。それには背景があって、知能検査のときに最初に例題がありますよね。例題を解いて意味を理解してから本題に入っていくという形のものです。私はそのときに、示されている例題の意味が分からなかったのです。先生が、「意味が分からない人はいませんか？」と聞くので、私は手を挙げました。そうしたら、説明に来てくれたのですが、教室の友達が全員自分の方を見たのです。そこでもう私は、完全に舞い上がってしまって、「俺だけか！」と思って、あとはもう何も分からない状況になってしまって、ぼろぼろの結果になったのです。

もう一つ、同じ4年生の時に、その時は愛媛の片田舎の小学校にいましたが、なぜだかたくさんの大人が集まって、研究授業が行われました。教室の後ろに集まった先生たちの様子がなんとなく見えていて、その中の一人が子どもたちの発表の回数を記録しているのが分かったのです。それを何となく感じて、自分も手を挙げて何か発表しなくてはいけないと思ったのです。それで、しょうもないところで手を挙げて、しょうもないことを言ったのです。子どもながらに自分でも「しょうもないこと言ったな」と思いました。その先生は、チェックはしてくれていましたが、絶対に「しょうもない発言だな」と思われたはずです。授業の流れとほぼ関係のないことを言ったのですから。

こうした体験を通して思ったことは、先生のキャラクターや関係性にもよるでしょうが、よかれと思って先生が子どもに近寄っていくという行為だけでも、大人には想像できないほどに子どもに大きな影響を与えているということであり、発言の回数とかテストの点数などといった、内側の変容ではなく、目に見える部分だけを形式的に評価するということの子どもへの影響は、とても大きいものがあるということです。

いろいろな教室にお伺いしたときに掲示物を見ます。「2学期のめあて」として「1日に3回以上発表する」と書いてあります。私は、こういうのは、絶対おかしいと思っています。それは発言の回数を評価する先生の授業を1学期の間受けた子どもが、素直にそういうめあてを書いているだけです。発言が活発にされて授業が白熱することは大事ですが、単に発言の回数ではなくて、個人の中でも静かに考え続ける、それらを皆が出し合って意見を育て合う。そういう集団をつくっていきたいと私は思っています。回数とか目に見える子どもの姿の話ではないのです。

こうした自分の小学校のときの体験が、時々思い出され、自分の授業観の根っこの部分かなと思います。

苫野 そうなんですね。

菊池 私は、私なりに、子ども時代もそれなりに一生懸命頑張っていたとは思いますが、「4年生としてしなければいけない、でもしょうもないことしかできない、でも、しなくては…」という強い圧迫感と言いますか、ダブルバインド（二重拘束）みたいな体験は、相当トラウマになっています。

苫野 自分にとって本当に心地よいコミュニケーションの仕方とか、心地よい学び方とか、自分に合った学び方といったものを、子どもたち自身が自分で探究できるという機会をたっぷりと保障してあげたいなと思いますね。

菊池 改めて本題の「学校は、何をするところか？」という点でまとめたいと思います。

私自身は、33年間小学校にいましたので、「自分らしさを発揮して、人とチームを組んで仕事ができる人が大人であり、そういう人が集まったのが社会である。チームというのはいろいろあるかもしれないけれど、そういった人間を育てるところが学校である」と考えています。それを「個を育てる」とか「考え続ける人間」という言い方もあるかと思いますが、そんな学校を考え、実践してきました。今もそれを目指しています。

苫野 菊池先生がおっしゃったことと全く同じことを小賢しく哲学的な用語で言うと、「自由とその相互承認の感度を育むところ」という言い方になるのかなと思います。私の場合は、「自由とその相互承認」というキーワードを、なぜこれがいちばん根本と言えるのかということを論証することが仕事だと思っています。「教育の力」の中では、歴史的な論証しかしていませんが、「どのような教育が『よい』教育か」（講談社選書メチエ）という本では、かなりがっつりと、認識論と言われる哲学の原理論から論証をしています。もし、その論証に妥当性があって、子どもたち一人ひとりが自由に、つまり生きたいように生きられる力を育むのが教育だ、そしてそのためにも、相互承認の感度をしっかり育むのが教育の使命だ、ということが共有されれば、そのために何ができるかということを、お互いの主義、主張や、趣味とか価値観の違いを超えて、協力し合って教育を創っていけたらいいなと思っています。それは学校の先生もそうだし、行政もそうだし、地域も、保護者も、力を合わせていけるのではないかと思います。

菊池　私は小学校にいたということもあって、「ほめる」という言い方をします。その中には、「承認」とか、「励ます」とか、「価値付けて諭す」とかという意味が入っていますが、多くは行為を取り上げて、ほめています。

一般的に「『ほめる』というのは『承認』ではないか」とか、「『ほめる』ではなくて『認める』ですね」、と言われることもあって、それはそれで考え出すときりがないのですが、一般的によく耳にする「ほめる」「認める」「承認」ということについて、苫野先生のお考えをお聞かせください。

苫野　「『相互承認』という時の『承認』って、どういう意味ですか？」とよく質問をされます。そんな時には、「これにはいくつかのレイヤー（層）があります」と答えます。

一番上が「ほめる」とか「称賛する」。下は「存在だけは認める」です。このレイヤーを行き来するということが重要です。ただ、必ずしも称賛しなくてもいいけれど、「存在は認める」ということは最低限しなくてはいけません。「承認」というのは、すごく幅の広い言葉なのです。ニーチェは、「愛せない場合は通り過ぎよ」と言っていますが、これも最低レベルの「承認」です。愛せないから攻撃するのではなくて、愛せない場合は、存在は認めて離れるのです。これは最低レベルの「承認」です。上は、あなたの存在、能力、あるいは価値をほめる。これらを、私は全部「承認」と言っています。

菊池　よく分かりました。発達段階ってありますよね。一般的には年齢ということでしょうけど。これまで申し上げましたように、私は子どもの学びを中心に考えていますが、当然、教師として子どもを育てるという側面もあります。特に、小学生、あるいは中学生もそうかもしれませんが、その発達段階を考えたときに、そのときの教師のほめるということも意味は大きいと思うのです。

苫野　なるほど、ハッとするお言葉です。確かに、小学生ぐらいでは、ほめるということはとても重要なことですね。私はすごくひねくれていましたので、高校生のときに先生にほめられると、「なんでお前にほめられなきゃいけないんだ」みたいな気持ちになっていましたが、小学生のときは、ほめられたらやっぱり嬉しいですよね。先ほど申し上げた、小学校時代に私を承認してくださった先生は、つまりはほめてくれたということなんですよね。

私は、友達はあまりいませんでしたが、本は大好きでした。ある時、本の感想文を書いたらその先生は、「とてもいい視点でこの本を読んでいるね」と言ってくださいましたが、これは明らかに「ほめる」ですよね。そういう時に、存在が認められて安心できるという気持ちになれたわけで、今まさに、菊池先生から言われて、気が付きました。小学生の時のほめると、大人になってからのほめるは、ちょっと意味合いが違うかもしれないですね。

菊池 そうですね。存在を承認する。私は、小学校の教師は、子どもを認める、信じるということは当然のことだと思っています。それが土台にあって、その上で美点を見つけてほめるわけですよね。小学校の場合は、一般的にほめるとか承認とかを論ずるのではなくて、認めるとか信じることは当たり前で、その上で、お互いのよさを承認し合うとか、ほめ合うということが大切なのだと考えています。子どもに対して、「君は絶対よくなる」「これからのよりよい社会をつくっていくためには君は必要なんだ」「頑張れ」「頑張れるはずだ」というふうに考えることができる、そのことが教師の資質なのではないかと思っています。一般の大人同士も基本は同じだと思いますけどね。

苫野 子どもたちは、生まれてきてから最初は、本来であればまるごと親たちに承認されたり、信頼されたりします。存在をまるごと承認されるのです。そのことを土台にして、自己承認の感度を育んでいきます。でも、どんな子もそのような親に恵まれるわけではないし、たとえ恵まれたとしても、その絶対的存在承認の中だけでは決して子どもたちは生きていくことができません。次の段階にあるのは、能力と価値の承認です。そこで人は苦しみます。親は絶対承認をしてくれていたのに、徐々に、能力や価値の承認が必要になってくるわけです。その時に、学校という場で、そこがちゃんと満たされていく経験をするということはとても重要だと思います。

今、菊池先生は、価値や能力、そして美点に対し、それを教師がほめたり、承認したりするとおっしゃいましたが、とても重要なことだと思いました。それが、子どもたちの自己承認を支えてくれるわけですね。

菊池　ちょっと話がずれてしまうかもしれませんが、私は全国の教室で飛込授業をするときに、いつも「10のめあて」を意識しています。一つめは、授業の最初に黒板に書くいわゆる「表のめあて」で、例えば「『4桁−3桁』の計算のしかたを見つけよう」というものです。後の残りの9つは、「裏のめあて」です。これらは学級経営的なめあてで、失敗感を与えないようにしてあげようとか、横の関係をつくってあげようとか、学び方を教えてあげようとか、ピラミッド型の関係性を壊してどこかで逆転現象が起こるようにしてあげようというような内容です。この10個のめあてを改めて見直してみたときに、裏のめあての9個は、全て変容を促している内容だということに気付いたのです。10個並べても知識に関することは1個、もちろん比重の問題はありますが、残りの9個で、私は、個や集団の変容、成長を重視していたんだということを再確認したわけです。

多くの先生は、1個めの表のめあてを重視されますから、そのためにどんな指示、発問説明をしたかという教授行為についての研究を重ね、協議会で議論してそこのブラッシュアップを図ろうとされているわけです。そのことにエネルギーの多くが費やされてしまっています。もっと言えば、1個めのめあてが、学校の全てであるかのように重視されていて、そこの部分のみ喧々諤々と議論をされている方がいます。私はそこの部分との決別がとても重要だと思っています。

せっかく、いろいろなたくさんの子が集まっているにも関わらず、1年間担任させていただくにも関わらず、9個の変容の視点のめあてがないから、子どもが育たないという状況になってしまっているわけです。

この10個のめあてについて、私はかなり以前から言ってきました。私にとっては、ある意味普通のことでしたが、今の教室に必要なこととして再発見したということがあったものですから、お話しさせていただきました。

苫野 なるほど。特に小学校は、そういうことを大切にされている先生が多いと、お付き合いをさせていただいてる方々を見ていて思いますね。

授業で大切にしたい「10のめあて」

〈裏のめあては「教師のみる目」〉

①表のめあて
②学級経営的なめあて（失敗感を与えない）
③学習規律
④学び方・学習用語
⑤子ども同士の横の関係づくり
⑥逆転現象を生み出す
⑦動きを生み出す
⑧美点凝視でほめる
⑨笑顔、ユーモア
⑩オープンエンド

第2章

「菊池実践」をみる

―そのめざすもの

苫野一徳

第2章　「菊池実践」をみる

そのめざすもの

苫野　一徳

対談を経て、苫野一徳先生は、その中で語られた「菊池実践」を、実際に自分で見て、それを確認したいとの思いをもたれました。

後日、苫野先生に、2回に分けて以下の動画をご覧いただき、それぞれについての感想と、「菊池実践」のもつ意味についてまとめていただきました。

●苫野先生が視聴された動画の一覧

【1回め】

①「動画で見る 菊池学級の子どもたち」（中村堂）付属DVD所収
・菊池学級の子どもたちの様々な活動
②「個の確立した集団を育てる ほめ言葉のシャワー 決定版」（中村堂）付属DVD所収
・愛知県犬山市立小学校での「ほめ言葉のシャワー」導入の3時間の飛込授業

【2回め】
①映画『挑む』菊池省三　白熱する教室　第一部」所収
・中村さんのスピーチ(1)
②「個の確立した集団を育てる ほめ言葉のシャワー 決定版」（中村堂）付属DVD所収
・「菊池学級の『ほめ言葉のシャワー』」の内、「11　四字熟語甲子園」(2)
③「DVDで観る 菊池学級の子どもたちの成長の事実」（中村堂）付属DVD所収
・DISC1「1－3『海の命』の話し合い」(3)
・DISC2「2－3　対話で大切なもの　③交流」の佐竹さんたちのスピーチ(4)
④高知県いの町内小学校

・5年生の道徳の授業
⑤2017年9月30日開催「菊池道場北九州映画祭」
・菊池学級卒業生・佐竹さんのスピーチ
※(1)~(4)については、P.116以降に動画からの文字起こしを掲載しています。

1回めの視聴後の感想

菊池実践の実際を見せていただき、まずは子どもたちの姿にとても打たれました。2点に整理します。

・自分の言葉をもっている。言葉が鍛えられている。
・自尊感情をもち、自分のことを受け入れることができている。

実践を見るとき、私はいつも原理に立ち返りながら考えます。公教育の根本原理、それは、「すべての子どもに、〈自由〉に生きるための〝力〟を育むことを保障するものであると同時に、社会における〈自由の相互承認〉の土台となるべきもの」ということです。そのために、教育には何ができるかと考えます。そして、それがどれくらい実質化されているかという観点から、実践の価値を考えているのです。

もう一つ哲学的な話をしますと、「自由とその相互承認を実現する」ための方法の原理は、「目的・状況相関的方法選択」です。目的と状況に応じて、方法は使い分けたり組み合わせたりすればいい、これだけが正しいという方法はない、ということです。

以上を踏まえて、菊池先生の授業についてですが、まず技芸として、アートとしてのレベルの高さに非常に感銘を受けました。でもそれは、裏を返せば、菊池先生だからできる、という部分が相当あるということかもしれません。「これを自分にやれと言われたら結構厳しい」と、動画を一緒に見たゼミ生たちも言っていました。ただ、ここで大事なことは、一人ひとりの先生の特性や能力も含めた「状況」に応じて、自分にできる最大限の実践をすればよいということです。菊池先生にあこがれたり、目標にされたりしている先生方はたくさんいらっしゃいますが、何でもかんでも菊池先生と同じようにする必要はないということを、前提として確認しておく必要がありますね。そうじゃないと、苦しんでしまいますからね。

「個の確立した集団を育てる ほめ言葉のシャワー 決定版」(中村堂)の中で、京都造形芸術大学副学長の本間正人先生がつぎのように書かれていました。
「『ほめ言葉のシャワー』を教室で実施したときに、それに乗り切れない子がいたり、上手くできない子がいたりするのは、ある意味当然です。そうしたときに、『個を大切にしてフォローする』『一人ひとりの人間的成長を皆の力で実現する』という基本的な考え方をもとに、教師が適切にフォローするという主体性こそが問われているのではないでしょうか。実践されている先生同士で、そんなフォローの仕方について共有し、磨き合っていくということが大切だと思います。」(p.39)
子どもたち一人ひとりの成長の芽、そのよさを見ていく力量、技量。まさにこの点が、菊池実践の一つの真髄でしょうね。ですから、ただ安易に見た目や方法だけを真似したりするのは、非常にまずいだろうと思います。
重要なことは、菊池先生が何をめざしているか、何を達成しようとしているかということです。そしてそのことの妥当性については、対談でも確認できました。私たち二人の言葉を合わせて言うなら、「個の確立」と「相互承認」。そのことを見失わなければ、それぞれの先生が自分の置かれた状況、能力や経験を元に方法をカスタマイズできるでしょう。

そうした取り組みの中で、その人らしい実践をしていくことが大切ですね。

もちろん、菊池先生によって、一つの理想型、あるいはゴールイメージを示していただいていることは、とてもありがたいことです。だからその上で、先生たち一人ひとりが、各自の状況に応じた実践を展開することが大事だと思います。


さて、「自由とその相互承認感度を育む」ことに関して、重要なことが三つあります。

①自己承認
②他者承認
③他者からの承認

中でも、一つ目の自己承認が決定的に大事です。自己承認がないと、人を認めるということもできません。常に自己不安に怯えて、他者に対して暴力的になったり、攻撃的になったりすることもあるでしょう。

日本の学校教育を振り返ってみた時、他者を承認する機会が、一般にはそれほど多くないことに気付きます。ほめるとか、ほめられるとか、友達同士でほめ合うという機会も、あまりないように思います。あったとしても、先生が上からほめる、下の者が上の者からほめられるということが多いかなと思います。

　そういう状況の中では、「ほめ言葉のシャワー」を通して、子ども同士がほめ合うという機会を意図的につくり出す実践は、非常によく考えられたものだと思いました。「自由とその相互承認の感度を育む」ことの土台としての自己承認、また他者承認の感度をしっかり育む実践として、とてもいいと思いました。

　一方で、私自身は、菊池先生と同じレベルの実践をするのはちょっと難しいなと正直思いました。私にはその能力がありません。また、個人的には、ほめる、ほめられるということがあまり得意ではないので、皆の前で、ほめてください、ほめられてください、というようなことをするのはちょっと苦手かもしれません。ですから、自分が小学校の先生だったら、別の方法を模索することになると思います。

　もっとも、「ほめ言葉のシャワー」は、継続的に行われて、何度もほめたり、ほめられたりして、肯定感があふれた空気が積み上がってくるものだと思いますので、そうすると、安心してほめたり、ほめられたりすることができてくるようになるのかなと思います。私のようなタイプの人間は、単発で行われると苦手だと思うでしょうが、それが連続的で自然な環境になってくると、むしろ安心の場として感じるようになるかもしれません。

「ほめ言葉のシャワー」の飛込授業では、菊池先生の技のすごさを感じました。初めてで、なかなか言葉が出てこない子どもたちに対する菊池先生の技には見入ってしまいました。動画を一緒に見た私のゼミ生も「ああ、こうくるか！」と感心していました。また、周りの子どもたちが言えない子たちを励ましていくようにとエンカレッジ(勇気づけ)する技も、さすがとうならされました。

その上で、改めて菊池先生と深めることができたら面白いと思ったことが2点あります。

一つは、「ほめ言葉のシャワー」のような実践があって、子どもたちはその中で自分の言葉を紡ぎ出しているわけですが、「ほめ言葉のシャワー」自体を、子どもたち自身でアレンジしていくということがあるのかどうか。あるとしたらどんなふうに展開していくのか、とても見たいと思います。「ほめ言葉のシャワー」は、とても完成度の高い実践ですが、教師が設定した「ほめ言葉のシャワー」という方法を、子どもたちが応用して、新しい形につくっていくということがあるのかどうか。

もう一つは、子どもたちの言葉が鍛えられている状況は、菊池学級の子どもたちの様子でよく分かりましたし、特にその言葉の瞬発力には驚かされました。友達を「みる目」がものすごく鍛えられていますので、「友達のよいところを探そう」という教師の呼びかけにも、ものすごい瞬発力で、言葉を返しています。日々の教室で、そういうやりとりが常になされ、言葉が鍛えられ、瞬発力が鍛えられているのだろうと思いました。

その上で、次の観点として、瞬発力とはちょっと違う、じっくりじっくりと言葉にならないような言葉を編み上げていくような展開がどうなされているのか、なされているとしたら、どのような光景が広がっているのか、知りたいと思いました。認め合っているからこそ可能な深い議論、あるいは、ぶつかり合いみたいな議論。瞬発力だけではやっていけないような議論が、どのようになされるかということです。

菊池学級のディベートの様子も拝見しました。私自身は、ディベートを超えたより建設的な議論として「超ディベート」あるいは「共通了解志向型対話」というものを提案しているのですが、簡単に言えば、肯定側と否定側、様々な意見を考え合わせた上で、「第三のアイディア」「共通了解」を見つけ合うというものです。菊池学級で行われたディベートは、「小倉中央小学校にジュースの自動販売機を設置すべきである」という論題でしたが、それに加えて「第三のアイディア」を見つけ出すというステップを入れるだけで、子どもたちはさらに建設的な思考をはたらかせ、質の高い議論ができるのではないかと思います。ほめ合い、認め合うという確かな土台ができているからこそ、とことんぶつかり合い、その上でさらに共通了解をつくっていけるかどうかを見たいと思ったのです。そして、菊池先生が、その辺りをどのようにお考えかもお聞きしたいと思いました。

2回めの視聴後の感想

第1回めの視聴の後で思った疑問というか、菊池先生にお聞きしたかったことの答えは、これらの動画の中に全部ありました。子どもたちは、自分たちで「ほめ言葉のシャワー」をアレンジしていますし、あの激論も、信頼、承認、安心、安全、ほめ合うという空間ができているからこそ、お互いに言いたいことをあれだけ言い合えるのでしょう。

菊池学級の子どもたちのスピーチには、教師によって用意された学びの環境を、自分たちで悠々と超えていってしまった姿を見るようでした。言葉をたくさん交わし合う機会があるということが、このような成長を生みだしているのでしょう。「ほめ言葉のシャワー」は、その一つの重要な契機なのでしょうね。

私は、哲学徒で理論家ですので、こうした実践を見るとちょっと体系化したくなります。菊池先生の実践を単発で見た人が、その側面だけを理解してしまうことのないように、体系化が必要だと思いました。

例えば、「ほめ言葉のシャワー」は、ある意味キャッチーだし見た目にも教室の活発さが伝わりやすいので、特に注目を集める実践だと思うのですが、これは菊池実践の中の、重要だけれど多くの中の一つと言うべきですね、きっと。菊池先生のめざす教育観の実現のための、一つの契機です。

この動画で見た子どもたちは、菊池先生が設定した枠を超えて、いつの間にか自分たちで授業を創り始めている。菊池先生が「こんな小学生見たことない」とおっしゃっていましたが、本当に、小学生ってここまで成長できるんですね。対談でも話題になった、子どもたちを「信頼して、任せて、支える」ということが、すごく生きているように思いました。

以上のことに加えて、さらに二つのことを考えました。

私は、パフォーマーとしての教師から、「共同探究者」あるいは「探究支援者」としての教師に重点をシフトしていったほうがいいということを長らく主張しています。それにはいくつかの理由があります。一つは、パフォーマンス力というのは、個人差がありすぎて、できる人はできるけれど、できない人はできないということです。公教育全体の水準を確保するということを考えると、教師一人ひとりのパフォーマンス力向上に頼りすぎるのは構造上ちょっと無理があります。もう一つは、パフォーマンスに慣れしまった子どもたちは、ただ楽しまされるだけになって、つぎはどんなふうに楽しませてくれるのかなと、主体的であるよりむしろ受け身的姿勢を育んでいってしまうということです。さらに、どんなにパフォーマンスが上手でも、世の中に出回っているもっと楽しいパフォーマンスには勝てないということがあります。パフォーマーとしての教師が、ずっと継続的に子どもたちを「楽しませる」のは極めて困難なわけです。

こうしたことを考えると、パフォーマンスを中心においた実践は、昔のモデルとしてはよかったし、いくらか通用したとは思うのですが、今はもうその力が発揮できない時代になっていると考えています。そうした理由で、パフォーマーとしての教師よりも、子どもたちの探究をより深められるよう支える、「共同探究者」、あるいは「探究支援者」としての教師の役割が必要だろうと思うのです。

「教師が答えをもっていて、子どもたちがそれを取りに行く」というゲームが、これまでの教育の基本でした。でも今は、答えが必ずしも一義的ではないもの、子どもたちが自分たちで探究して、問いやその答えを自分たちで見つけていく、つくっていくということがより必要になっています。ですから、パフォーマーというより、共同探究者、あるいは探究支援者という方向にシフトしていきたいという主張を、私はずっとしています。

ところが、菊池先生がすごいのは、そのどちらもできてしまうということなんですね。超一流のパフォーマーにもなれるし、深い学びを支える「共同探究者」にもなれる。国語の「海の命」の話し合いの様子など、とても印象的でした。菊池実践の本当の真髄はここにあるんじゃないかと思います。先生がそこにいなくても、子どもたち自身でちゃんと話し合いを深いところで成立させていました。そこまで行くのに、菊池先生は、パフォーマンスも使いながら共同探究者として寄り添い、子どもたちの成長を支えてきたのだと思います。そこが、菊池実践の重要なポイントなのではないでしょうか。

ただその意味で危惧するのは、菊池先生が退職された今、飛込授業が多くなると、1時間や1日限りのことが多いでしょうから、どうしてもパフォーマーとしてのすごさの方にばかり注目が集まってしまって、菊池実践の真髄である共同探究者、あるいは探究支援者としての菊池先生の姿が見えにくくなってしまわないかということです。

国語の話し合いをしている子どもたちの姿こそが、菊池先生が本当に伝えたい子どもたちの姿、また教育のあり方なんじゃないかと思います。単発の授業では、どうしても菊池先生のパフォーマンス力に注目が集まりすぎる気がします。その点を、菊池先生がどうお考えになられるかもお聞きしたいところです。私自身、これまでパフォーマーとしての菊池先生のすごさに引きずられすぎて、その真髄を十分に理解できていなかったんじゃないかと反省しました。

とはいえ、菊池先生は、おそらくまずはパフォーマーとして、子どもたちが対話をする機会や場をたっぷりつくっていかれるのだと思います。で、慣れていくと、話し合いを自分たちだけで進められるようになり、ゆくゆくは教師がほとんど手放してしまうことさえできる。手放しても、子どもたちは自分たちできちんと授業を成立させていく。相互承認の感度を共有しながら。菊池先生の実践の真髄は、そうした継続的な子どもたちの成長の姿にこそ見られるのだと思います。

■動画の内容紹介（文字起こし）

(1) 中村さんのスピーチ

今回の質問タイムは、私がこういうふうに、なんていうんだろう、私の成長のストーリーっていうか、まあ、いちばん思ってることみたいなのを書いたんですけど、それについて質問してもらいます。そして、ちょっと難しいかもしれないので、これが、発表っていうか、言い終わったら、一分間考えてもらいます。

はい、じゃあ、まず、過去と現在と未来で考えるんですけど、まず、過去で、4年生のとき、心は野口さんだったけど、外は、やっぱり合わせたりして、はぶかれたくない、合わせなきゃ、っていう自分をつくってて、群れっていうので動いてたんですよ。で、それから、もう、そんなつくってたら、自分らしさっていうのがないじゃないですか。でも、5年生になって、普通に、いちばん好きな自分っていうのを見つけられて、それが、まる子ちゃんだったんですよ。野口さんが悪いっていうわけじゃないんですけど、でも、私にとっては、まる子ちゃんのほうがいいかなっていうことで、そのまる子ちゃんになりたかったんですよ、野口さんのときに。心も外も。だから、その

ときに新しい自分を見つけて、まる子ちゃんになれたっていうので。その、やっぱり、まる子ちゃんは、野口さんのときに、はぶかれたくないとか、合わせなきゃという心があったんですけど、でも、まる子ちゃんになって、自分の意思で動くとか、自分らしくっていうことを心がけるようになって、集団に、群れから集団に動けるようになったと思いました。

それで、今の、現在なんですけど、これはちょっと、人の悪いところじゃなくていいところを見つけるっていう、これは、当たり前なんですけど、でも、やっぱり、人の悪口を言ったりっていうのは、人間誰だってあると思うんです。私だってあったし。だから、人の悪いところを言うっていう無駄な時間よりも、自分が今しなきゃいけないっていうところの時間を大切にしたほうがいいかなっていうことで、これを作ってて。で、時間を大切にとか、無駄な時間をつくらないっていう価値語みたいなのに、当てはまるかなと思いました。

で、こないだ、金曜日に魚住さんが、いいことをすると、いいことがあるっていうことを言ってたんですけど、それにも重なるかな、と思いました。で、私は5年生から6年生まで菊池学級でやってきて、もう、結構、学ぶことは学んだんですけれども、でも、唯一、これは直さなきゃいけないところかなって、私は思いました。

で、ホワイトボードに、相手軸になるっていうことを書いてるんですけど、私は、相手軸になるっていうのは、自分が生きていく中でいちばん大切なことだと思うんですよ。だから、発言をするときとか、その人の気持ちを考えて発言しないと、なんていうんだろ、その人を悪い気持ちにさせたりとかいうのを、そういうのを考えちゃうから、常に考えなきゃいけないんですよ。先生が言ってたとおりに、やっぱり常に考えるっていうのは大事だし、相手軸っていうのはやっぱり大切かな、と思って。今、いちばん考えてることは、これです。

で、未来のことになるんですけど、中学生になって、少し、ほかの小学校から入ってきて、メンバーが替わるじゃないですか。で、そのときに、メンバーが替わってリバウンドしないかな、とか、「成長の授業」が、ま、生活面で成長はできるんですけど、先生の主な授業がなくなるから、ま、それでリバウンドしたり、メンバーが替わるから、流されないかなっていうのが不安だったんです。4年生のときもたぶんそういうのがすごい不安だったんですけど。でも、こういう気持ちが出るのは、今、まだ少し自分を信じられていないからっていうのがあるから、それに打ち勝つような強い心をつくるっていうのがこれからの目標かなって私は思いました。

そして、最後に言うことがあるんですけど、先生の本に、子どもを育てるじゃなくて、人を育てるっていうことが書いてあったんですけど、人、だから大人になっても成長できるっていう意味じゃないですか。で、「成長の授業」がなくなっても、自分で自分を育てていけるっていうふうに、これからなっていけたらなと思ってます。終わります。

(2) 四字熟語甲子園（一部抜粋）

○Aチームの四字熟語に対するBチームのほめ言葉

村上 Aチームの「緊努」っていうのは、緊張しても努力するっていうことで、成長につなげていくっていうところがあるからいいと思いました。

中村 「成長」っていうのにつながるんですけど、元山さんが「1年生から6年生への『成長』っていう言葉を言っていたんですけど、私たちは『成長』ってキーワードにしてるじゃないですか。でも1年生とかって「成長」とか、まだよく分かんないけど、でも6年生になるにつれて、どんどん意味合いが分かっていくので、そこがいいなと思いました。

秋葉 この「感」の字に秘められた「感動」と「感激」という二つの意味合いがあって、この「感」、四字熟語の中の一つの文字をとっても深い意味合いがあるので、四つの漢字があったらもっと深い意味があるので、いいと思いました。

岡田 「感全」の意味は、運動会のこ

とにつなげられていて、いいと思いました。

(3)「海の命」の話し合い（一部抜粋）

○太一の気持ちがガラリと変わったのはどこか？

内川 僕から④への反論をします。こんなっていうのはどこかと聞いたら、岡田君は、③の「この大魚は自分に殺されたがっているのだと思ったほどだった」と言っていました。で、「こんな気持ちになったのは初めて」、その「初めて」というのは、デイリーコンサイス国語辞典で調べたところ…。

菊池 引用と根拠を示す。

内川　「最初」を調べてみると、「一番初め」ということなのです。なので、一番初めというのは、AとBでいうならAのところです。Aが初めてなので、それがAの部分になります。初めてというのは。そして、今回の議題は「ガラリと変わる」ということです。つまり「変わる」ということは、植物で表すと、ずうっと育てていたヒマワリが急にチューリップになるということと同じようなことです。「初めて」というのは、ずうっと芽が出なかったのに芽が出た、つまり、同じものが成長したとか、出たとか、新しいものが芽生えた。そういうことになります。つまり、「変わる」と「初めて」では違います。なので議題と外れています。

曾根﨑　この討論は、その一番てっぺんを求めているんですよ。「ガラリ」のドンピシャの部分ですね。

鶴　一番最初に、岡田君が、行動の前に気持ちが変わったって言ってたじゃないですか？だとしたら、普通はここなんですけど、行動の前に気持ちが変わったってなって、ピナクルの位置がここになるんですよ。

曾根﨑　なぜここが、こう変わったのかってなるじゃないですか。

岡田　AとBはないです。

魚住　ほら、なかったら成立しないんですよ。ないじゃないですか。

内川　待ってください。さきほど、曾根崎さんが言ったように、今回の討論はピナクルを求めているのです。そのピナクルというのは、起承転結の転であり、さらにAとB、AとBがあってこそのピナクルなので、AとBがないかぎり、その意見は、すべて認められません。

元山　きっかけがないと、変わっているのが分からないから…。

岡田　AとBは、複数あります。

内川　Bが複数あるのはいいんですよ。Aが複数あってしまうと、変わる、変わる、変わる、変わるで、もう、ガラリじゃなくなるんですよ。

魚住　AとBは何個あってもいいんですよ。でも、それの中で、一番大きく変わったものがピナクルだと言えるんじゃないんですか？

元山　こんなふうになりますよ。

鶴　ピナクルだらけ。

内川　つまり、あなたがたくさんAとBがあると言うのは、一番高いAとBは、どこですか？

魚住 そんなピナクルがいっぱいあったんじゃ、ただの読みにくい物語ですよ。

岡田 私は、あなたたちが、その気持ちが全部含まれているので、ここと思ったので…。

杉森 まず、④ってこの辺じゃないですか？

岡田 あなたたちの意見でいくとですね？

魚住 っていうか、周りの人もそう思っていて、だから、④は、ピナクルをつくるための土台なんですよ。つまり、そこはピナクルではないんです。もしそこで殺す殺さないの気持ちが変わっていたとしても、それは、土台であって、しかも…。

岡田 ああああ——！！！ ちょっと、大丈夫。もう、君は大丈夫。ちょっと待って、まどちゃん（魚住さん）、ありがとう。分かったよ。

（握手、拍手）

(4) 佐竹さんのスピーチ

佐竹 えっと私は、6の1のおかげだと思っています。理由は、何人かの先生にも話したんですけど、質問タイムでも言ったんですけど、私はネガティブになったんですよ。6の1で。それは、みんながすごい上の方に早く行ってしまったから、置いていかれるんじゃないかっていう不安があって…。それに打ち勝つことができなかったけど、このあいだ質問タイムをしたときに、みんなの感想が、すごい励ましてくれる。で、時間もすごく長かったけれど、みんなが、温かい空気をつくってくれて、だから6、まあざっくり言ったら、6の1のせいでネガティブになり、6の1のおかげでポジティブになったっていうことです。

第3章

私のめざす「授業観」

―ある日の飛込授業に関する児童感想文を読み解く

菊池省三

第3章

私のめざす「授業観」

ある日の飛込授業に関する児童感想文を読み解く

菊池　省三

第1章の苫野一徳先生との対談の中で、私は、自身の飛込授業の中で発見した様々なことを通して、私の考える「授業観」についてお話ししました。

2017年度の1年間で、私は100回以上の飛込授業を行いました。

授業形態は本当に様々です。1クラス30人程度の子どもを対象とした授業が一般的ですが、体育館で複数学年複数クラス合計100人以上を対象に授業をしたり、複式学級で10人程度の授業をしたり、全校17人の小さな学校で一斉授業をしたりと、北九州の教室では体験することのなかった日々が続いています。

その多くは、その日に初めて出会う子どもたちとのその時間限りの授業です　私も一期一会を大切にして、精一杯の気持ちで子どもたちと対峙し、その時間を楽しませていただいています。

1時間限りの授業ではありますが、私はいつも、対談の中で紹介した「10のめあて」（本書P.100参照）を強く意識して授業に臨んでいます。

そうした中、2017年9月、ある6年生のクラスで道徳の授業をしました。資料として、ビートたけしさんの「友達」という詩を使いました。詩に出てくる「馬鹿野郎」という言葉が、ビートたけしさんらしく、「相手

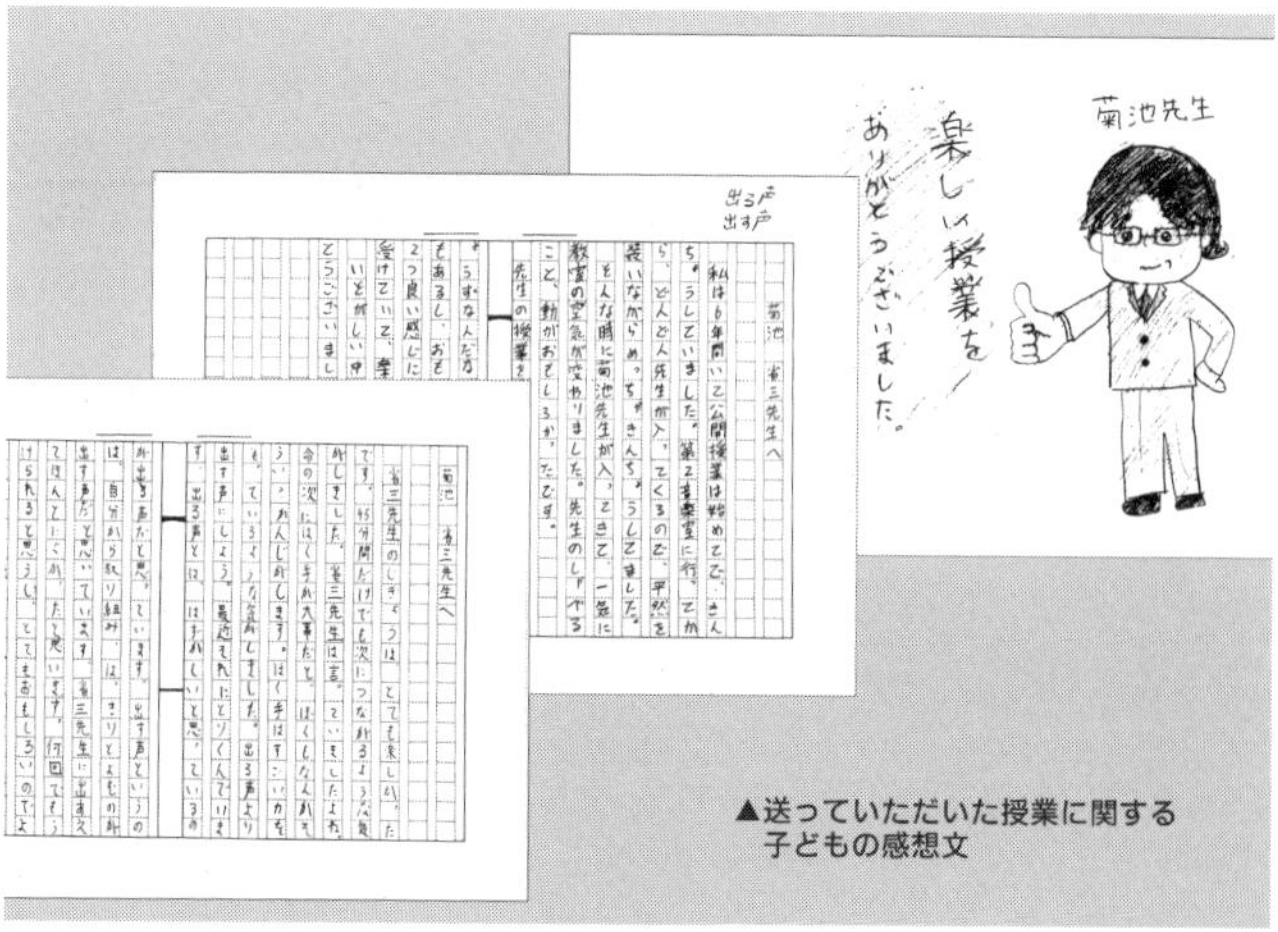

▲送っていただいた授業に関する子どもの感想文

に何も期待しない事　それが友人を作る秘訣だ」と締めくくられたその作品は、道徳の資料としても力をもっていると思います。

その後、その日の授業を受けた子どもたちの感想文が、学校から送られてきました。原稿用紙2枚にびっしりと書かれたものも多く、子どもたち全員の素直で熱い思いが書き留められていました。

驚いたことは、日常の教室での授業と私の授業を、子どもたちが直接的、間接的に比較した内容が率直に書かれたその感想文を、担任の先生や学校が取捨選択することなく、まるごと送ってくださったことです。そのこと自体、尊敬すべきことでした。

自分たちの授業を本気で変えようとする覚悟の表れだと思いました。

私は、そうした覚悟のこもった感想文を丁寧に読みながら、書かれた内容の分析と分類をしました。結果、それは13項目に分類され、前述の「10のめあて」と比べてみると、その内容が一致していることが分かりました。

結論を急いではいけませんが、私の考えてきた「10のめあて」は、1時間の中でも子どもたちに伝わっていたことを確信しました。同時に、それは、従来の一斉授業を子どもたち自身がどう評価し、子どもたち自身が、どんな授業を求めているかの一つの答えであると考えることができたのです。

今回、分類した13項目は、以下の通りです。

○授業のめあて(道徳の授業)
○失敗感を与えない
○価値語
○言葉を大切にする
○話し合い、立ち歩き
○友達との関係
○大きな転換
○拍手
○ほめる
○楽しい授業
○みる目

○教師の感化力
○教師のパフォーマンス力

以下、「10のめあて」の順にしたがって、13に分類した子どもたちの感想を紹介しながら、簡単に解説をしてまいります。

感想文を読んでいると、子どもたちからほめられすぎて、私自身ちょっと恥ずかしく思う部分もありますが、そこもあえてそのまま掲載し、「授業観」を共に考える材料にしていただきたいと思います。

※子どもの感想文につきましては、誤字・脱字以外は、表記等原文をそのまま掲載しています。また、同じ感想文を違う項目の中で複数回掲載している場合もあります。

授業で大切にしたい『10のめあて』〈裏のめあては「教師のみる目」〉に基づく、感想の分類

①表のめあて

○授業のめあて（道徳の授業）
・友達とは、たんに仲がいいとか、気が合うとか、そんな感じなのかと思っていたけど、この授業で、その気持ちが変わりました。このことで、自分でも成長したな、と思えました。
・教わった秘けつを使って友達をもう2、3人ほど作ってみようかなと思います。

第一のめあては、授業における一般的なものです。小学校では、学習指導要領にまとめられた各教科の知識・理解の内容を教えることが求められています。小学校段階で身に付けておく基礎・基本の学力の内容です。これをないがしろにすることはありえませんし、私もそれをめあての最初に掲げます。

今回は、道徳の授業を行いました。資料として使用した詩は、「友達」というタイトルが示す通り、共に考えたい道徳の内容は、「信頼友情」です。ただ、私の考える道徳授業は、教師が用意した価値項目を伝えるような「徳目主義」には立ちません。詳しくは、「公社会に役立つ人間を育てる　菊池道場流　道徳教育」（中村堂）をお読みいただきたいと思いますが、「行動選択能力の質を高める」ということを中心に考えています。様々な条件の中で難しい判断をする必要に迫られる日に備え、選択能力を高め、価値判断の質を高めていくことが道徳教育のねらいだというのが、私の基本的な道徳という教科に対する考え方です。

そんなことを考えながら、この日の授業も行いました。

「友情」について、一人ひとりがこの授業を契機に考え直し始め、自分たちの日々の生活の中で友達とのあり方を考え続けてくれるとしたら、とても嬉しいことです。

②学級経営的なめあて（失敗感を与えない）

○失敗感を与えない

・一つの発言が正解でもまちがいでも、拍手をするということです。今までの僕は、正解ならはく手、まちがいなら何もしなくていいという気持ちでした。大事なのは、正解や間違いではなく、発言(発表)することなのかな？と思いました。

・手をあげなくてもあてられたときに前の人が言ったこととまったく同じことがかい

てあってこまっていたらすぐにほかの子をあててくれたのでよかった。

どのような学級をつくっていくか、そして、その土台となる一人ひとりの自尊感情をどのように高めていくか、というめあてです。

対談の中でも話題になりましたが、教師が正解をもっていて、子どもはいつもその正誤の判定にさらされるような授業は、本来の学びではありません。誤りの判定をもらった瞬間に、子どもは委縮します。学びが自由なものではなくなり、絶えず、「答えは正しいか」という二極的な思考の中に閉じ込められてしまうのです。正解ではないと否定される教室では、納得解を求める自由な話し合いは生まれません。

教師は、考え続ける人間を育てるためには、間違えることをマイナスにとらえない「観」をもつことが必要です。

京都造形芸術大学副学長の本間正人先生は、このことを端的に、『教育学』から『学習学』への転換」という言葉で示されています。

③学習規律

○価値語

・「きりかえスピード」だったり、「男女関係なく」など、基本だけど、すごく大切なことだなあと思いました。

・ぼくは、きりかえすぴーどがみんなよりはやくきりかえれないです。どうしたらきりかえすぴーどをはやくきりかえれますか。

・私は、菊池先生の聞いた話で出きるようになったことは、「出る声ではなくて、出す声にしよう」ということです。

・出る声より出す声にしよう。最近それにとりくんでいます。出る声とは、はずかしいと思っているのが出る声だと思っています。出す声というのは、自分から取り組み、はっきりとよむのが出す声だと思っています。

「価値語」は、考え方や行動をプラスの方向に導く価値ある言葉のことです。

「言葉は原体験を求める」と言われますが、人は誰でも新しい言葉を知ると使いたくなるもので、プラスの言葉を獲得すると行動もプラスに変化していきます。成長に向かっている教室には、プラスの言葉があふれていますが、荒れた教室では、マイナスの言葉が飛び交っています。言葉が行動をつくり出しています。

したがって、プラスの価値ある言葉を、子どもたち一人ひとりの心の中にどれだけ届けることができるかが、学級づくりを大きく左右します。

もともと価値語は、子どもたちにピリッとした緊張感をもたせたいときに「こうあるべきである」「こういう生き方の方が美しい」といった父性の強さを前面に出した言葉掛けをしていたところから始まりました。そして、それを「菊池語録」と子どもたちが活用し始め、さらに価値語へと進化していったのです。

教室の中での生活や学びのルールを、価値語として伝えていくことで、価値語を獲得した子どもたちの生活態度は落ち着き、学級の人間関係がよくなって、学習に向かう構えができていきます。

1時間限定で出会った子どもたちが、感想文に書いているように、その後も価値語を意識して、生活をよりよくしていこうと取り組んでいるという報告は、言葉のもつ力を改めて確認することができ、感謝するものです。

継続して担任する教室では、価値語とそれを象徴する望ましい行為を撮影した写真をセットにした「価値モデル」という掲示物を教室に貼ることによって価値語が可視化され、日常的に目に触れることで、子どもたちの成長はさらに加速していきます。

④学び方・学習用語

○言葉を大切にする
・先生は、一人一人の言葉を、すごく大切にするんだなあと思いました。
・先生は、カレンダーに書いてある言葉を大切にしているのだなと思いました。

学習用語をきちんと指導することは、学びの中の言葉の植林と言えます。学習用語を知ることで学びが深まります。思考の手かがりになるからです。

今回は、1時間の道徳の授業でしたので、学び方についての指導を中心にしました。こうした「学び方・学習用語」を子どもたちに植林し、定着させていく方法として、価値語を、黒板の5分の1を活用して書いていくという方法をとっています。

この日の授業では、つぎの価値語を黒板の5分の1に書きました。

・やる気の姿勢
・切り替えスピード
・「自分らしさ」の発揮
・「出る声」→「出す声」
・一人が美しい

ここに書いた言葉や、授業の中での言葉のやりとりを通して、子どもたちが言葉の力に気付き、言葉を大切にして、言葉を軸にして成長していこうと考え始められるようになることが、私の考える「言葉で人間を育てる」ということなのです。

○話し合い、立ち歩き

・となりの人と話し合ったり、立ち歩いていろんな人と話したりする時間があったので、いつもの授業と違って、楽しかったです。

・友達という詩は考える場面もあって、すごく考えました。だけど立ち歩いていいといわれたので、安心しました。考えるのはあまり好きではないけど、今回のは、楽しかったです。いつもは立ち歩いてもいいというきかいがあまりないので、わからないときにはとなりの人と話すしかありません。

・2連目の詩は、なにも書けなかったけど、立ち歩いてまわりの友達にきいて文書は書けました。

・立ち歩いて友達としゃべって友達の意見を見ていいというのははじめてだったのでよかった。

・菊池先生は、授業のどこかで、立ち歩いていいよといってくれるので、ほかの人の意見が聞けたから、この子は、こんな考えをしたんだなと思えたので良かったです。

「自由な立ち歩き」については、対談の中でもいろいろ話題になりました。

ここに書かれた子どもたちの感想を読むと、子どもたちには立ち歩くという行為自体がとても新鮮であったこと、そして、それをほとんど体験していなかったことが分かります。

一方で、その初めて経験する立ち歩きが「楽しかった」と感想を書いています。

さらに重要なことときは、「なにも書けなかったけど、立ち歩いてまわりの友達にきいて文書は書けました」「ほかの人の意見が聞けたから、この子は、こんな考えをしたんだなと思えた」と、協同的な学びに踏み込んでいるという事実です。

教師が「自由な立ち歩きが成立するかどうか」と心配したり、「成立しなくて収拾がつかなくなるのではないか」と不安をいだいたりしている間に、子どもたちは「自由な立ち歩き」の本質的理解をしているのです。

教師と子どもが、正解を求めるだけの授業からは、子ども同士の信頼関係も共に成長する喜びも生まれません。協同的な学びの中で、子どもたちは成長をしていくのです。人と自由に話し合いができるようになると、学びは能動的になります。たえず、他者に学び、新しい価値を自身の中に取り入れようとする学びの姿勢が育っていきます。

⑤子ども同士の横の関係づくり

○友達との関係
・クラスの人と話し合う時に「男子、女子関係なく！」「一人の人をつくらないように」と。
・先生がしてくれた授業はとても印象に残っています。たとえば、「先生は命の次に拍手が大事だと思っています」っていう発言とか、だれかが発表するごとに拍手をするとか、みんなが考えた意見を立って聞きにいくとか、全部(担任の)先生とはやったことがなかったので、とても印象に残っています。

一斉指導型の従来の授業のめあてと一線を画する部分です。

子どもたち同士の横のつながりをどのようにつくり、関係性をどう高めていくかというめあてです。男子と女子が別々にグループをつくって交わろうとしない教室では、自分たちだけ異性同士で仲良くするという行動をとることはできません。そんなことをしたら、「なに、あいつ」となって、仲間外れになってしまうからです。そうした状況では、子どもたちはマイナスの方向に牽制し合う関係を強め、教室の雰囲気はますますよくない方向に進みます。

教師の「男子、女子関係なく！」という言葉は、子どもたちを安心・安全の空間に導く力強いものです。子ども同士の横の関係づくりに関係する代表的な価値語には、次のようなものがあります。

・人と意見を区別する。
・教室は家族です。
・学び合いは寄り添い合うこと。
・自分らしさを出そう。
・他己中(たこちゅう)

こうした価値語を伝えながら、子どもたち同士の横のつながりを教師が積極的につくっていきましょう。人と人の関わりの中で人間は成長するのですから、このめあては重要です。

⑥逆転現象を生み出す

○大きな転換
・菊池先生が「一人ひとりちがう」と言っていて、とてもホッとしました。理由は一人だけちがったらへんだと思っていたからです。先生のおかげで人とちがっていても言えるようになりました。ありがとうございました。

「逆転現象」については、個人と集団という二つの側面で考えています。

個人では、それまでもっていた考え方の大きな転換を子どもの中に起こすということです。今回の感想文がそれにあたります。揃うことが求められる一斉指導の中で苦しんでいる子どもの叫びとして、感想を受け止めました。

もう一つは、教室の中の子どもたちの順序を固定化させないように、教師が、場面や状況に応じて、リーダーが入れ替わるようにはたらきかけたり、仕掛けをつくったりしていくことです。チャンスは日常の中にいくらでもあります。教師が、その子のよさを認め、みんなの前でほめ、その価値をクラス全体で共有できるかどうかが鍵です。それができれば、その子は、その場面でのリーダーとなり、逆転現象が生まれます。「場面や状況に応じてリーダーは入れ替わるものだ」という体験は重要です。

⑦動きを生み出す

○拍手

・指が折れるまでの大きな拍手をみんなでするなど、手をあげてなくてもかってに当てられて立たされ、発表するなど、いろいろなどきどき、わくわくがあふれる授業でした。

・誰かが発表した後に、拍手をするということが、すごくいいなと思いました。自分が発表した後もみんな拍手をしてくれたので、うれしかったです。

・省三先生は言っていましたよね。命の次にはく手が大事だと。ぼくもなんかそういうかんじがします。はく手はすごい力をもっているような気がしました。

・私もはくしゅは大切だと思います。はくしゅは「すごい」「いいね」などいろんな意味があるから、私も、大切だと思います。

私が見た全国の多くの教室の子どもたちは、「硬く」「遅い」と感じます。一斉授業の中で子どもたちの価値観の交流がないため、教室が硬直し、動きがなく、遅くなってしまっているのではないかと思います。

学習の基本態度を育てるために必要なのは、スピードです。スピードを意識した授業は、子どもたちの学習意欲を高めるものです。

例えば、隣の席の友達と話し合う、話し合いを終えて前を向く、友達の発表を聞く、グループで話し合うなど、刻々と変わる学習の場面を、パッパッと切り替えられるようにしたいものです。

私はそのために、黒板の5分の1に「切り替えスピード」と書いて、「君たちは、これがすごい。こんな教室見たことがない」とほめます。多少遅くてもそのようにほめます。

素早く切り替えることの大切さ以外にも話し合いの時間を秒単位で指示します。例えば、「7秒話し合いましょう」のように言い、その時間で話し合いを終えさせます。

こうして時間意識を積み重ねていく中で、スピード感のある学びが教室にあふれるようになっていきます。

また、拍手についての感想が沢山書かれていたことに、正直、少し驚きました。私にとって拍手は、あまりに日常的なものからです。

子どもたちは、拍手について、「すごくいい」「うれしい」「すごい力をもっている」「大切」と、書いてくれました。全く同感です。拍手は、プラスのストロークを伴った最も分かりやすい行動です。そして、拍手は、コミュニケーションがあふれる授業の中で欠かすことはできません。友達の行為や意見を、拍手によって承認し、称賛するのです。

拍手の基本は、「強く」「短く」「元気よく」です。最初は、スピードや大きさがたとえ十分ではなくても、ほめることによって拍手を学びの中の子ども同士をつなぐツールとして定着させていきます。

教師自身がしなやかにスピード感をもった存在であることが求められます。

⑧美点凝視でほめる

○ほめる

・(担任の) 先生なら、ぼくが発表したときにあまり何も言わないけど、菊池先生は、「あっ、そういうことか、なるほど、とてもいいですねー」とほめてくれてとてもうれしかったです。

・よく授業のと中に、４組はこんなクラスよなあ、４組の子はこんなことができるよなあ、などと、話しかけてくれてとてもうれしかったです。

・好きな芸人を聞いただけでその人にまつわる話やそれに関連すること、人と話す時の様子をとてもよく見ていてたった5分ほどできりかえスピードの速さをほめてくれたりしてもよく見ている人だなと思いました。

「ほめる」ことについて、対談の中でも話題になりました。

感想文に書かれているとおり、「ほめてくれてとてもうれしかった」というのが子どもの素直な気持ちです。

「ほめると他人からの承認が目的となってしまうから…」というような批判がときどきなされます。小学校の教室に33年間いた私からすると、こうした批判は、子どもの事実に触れない空論だと言わざるを得ません。

ほめることで、教師と子どもの関係を豊かで太いものにしていくことが教室の学びのスタートです。

「美点凝視でほめる」ということを、私は以下の7点に整理しています。

1. 過去と比べてほめる
2. 具体的にほめる
3. すぐにほめる
4. 同じことを何回もほめる
5. 一人ひとり、別の言い方でほめる
6. 価値付けをしてほめる
7. 目立たない子どもをほめる

⑨笑顔、ユーモア

○楽しい授業

・菊池先生の授業は、今までの担任の先生とちがって、ときどきちがう話を少し入れてくれるところが、45分間集中できる理由だと思います。

・菊池先生の授業はとても面白くて、いつもはあまり好きではなかった授業を楽しく勉強することができました。

・先生の授業を受けて私は、おしえるのがじょうずなひとだなあと思いました。真面目な時もあるし、おもしろみもあるからです。この2つをよい感じに使い分けているので、授業を受けていて楽しかったです。

・この授業でいろんなことを学び、ひさしぶりに、自分のなっとくのいく授業ができました。

・友達とも、担任になってほしいと話すくらいたのしかったです。

・菊池省三先生の授業を受けて思ったことはとにかく面白いということです。菊池先生がくだらない話と言って「口角はこう書く」などのダジャレがとても面白く頭に入ってきました。

・菊池省三先生の授業は、(担任の)先生の授業よりも、おもしろくて、分かりやすかったです。(担任の)先生の授業は、あまり笑いがなく、あまりおもしろくないので、すごく楽しかったです。

・先生の授業、ほかのせんせいとちがって、とてもおもしろかったです。とくに、無理やり、みんなに、はっぴょうしてもらうのがおもしろかったです。

「いつもはあまり好きではなかった授業を楽しく勉強することができました」

「おしえるのがじょうずなひとだなあと思いました。真面目な時もあるし、おもしろみもあるからです」

「ひさしぶりに、自分のなっとくのいく授業ができました」

子どもたちは、教室の椅子に座って毎日の授業が終わるを、じっと耐えながら待っているのではないでしょうか。そこに学びの姿はありません。

先にもご紹介した本間正人先生は、以前対談をさせていただいた中で、

「学校というのはいろいろな意味で教える側の都合でできているなということです。学校というところは、学ぶところのはずですが、校門をくぐれば、教室があって、教壇があって、教卓があって、教師が教科書を使って、各教科を教えます。そして、教えたことが分かったか分かっていないかを試験で点数をつけて評価をしています。こうした見方そのものが、圧倒的に教師の側の都合でできていると思ったわけです」（「コミュニケーション力で未来を拓く　これからの教育観を語る」中村堂）

とおっしゃっていました。

学ぶ側の立場に立ったとき、さらに、学校は何をするところかという大きな目的に立ち

返って考えたとき、どんな授業を教師がすれば子どもたちは学びを獲得するのかを、私たちは本気で考え直さなくてはいけないと思います。

もちろん、教師は、子どもたちが集団になったときにややもすればできてしまう負の空気に負けてはいけません。教師が子どもたちの負の空気を押し切って、明るい教室を創っていく必要があるのです。

あるパフォーマンス学の本には、「人間は、2秒で相手のことが大体分かる」ということが書いてありました。1時間限りの授業でも、子どもたちは教師のことを一瞬にして判断しているのではないでしょうか。

毎日一緒になる担任の先生についても、1日の始まりに教室に入ってきた先生の様子を見て、「今日の先生は…」と、同じように直感的な判断をしているでしょう。多少大変でも頑張るのが教師の仕事だと覚悟を決めて、1日1日頑張っていきたいものです。

⑩オープンエンド

・先生の授業を受けて私は、おしえるのがじょうずなひとだなあと思いました。真面目な時もあるし、おもしろみもあるからです。この2つをよい感じに使い分けているので、授業を受けていて楽しかったです。

・省三先生のじゅぎょうは、とても楽しかったです。45分間だけでも次につながるような気がしました。

「オープンエンド」について、二つの側面から考えています。

まず、授業の中でのオープンエンドです。授業は、予め計画された内容通りに進むものではありません。たまには予定通りということもあるかもしれませんが、多くは子どもたちの想定外の反応によって、軌道修正を余儀なくされるものです。私はそれは当たり前のことだと思っていますし、終わりを決めずに、途中で柔軟に変更しながら授業を進められる力量が教師には求められます。

もう一つは、45分を1単位としたときの授業の終わり方のオープンエンドです。感想文の中にある「次につながる」という視点です。絶対解を求めるのではないこの時間の道徳授業に結論はありません。授業が、「友達」についてこれから先、ずっと考え続けるきっかけになることが大切なのです。それは、絶対解を求める教科であっても本質は同じだと思っています。

教師の「みる目」、感化力、パフォーマンス力

「10のめあて」の内の、②から⑩の9つは、裏のめあてであり、それを支えるのは「教師のみる目」です。さらに、教師の人間としての感化力やパフォーマンス力などが加わった総合的な力でもあります。そうした側面に該当する感想文を最後に紹介します。

○みる目

・好きな芸人を聞いただけでその人にまつわる話やそれに関連すること、人と話す時の様子をとてもよく見ていてたった5分ほどできりかえスピードの速さをほめてくれたりして、よく見ている人だなと思いました。

○教師の感化力

・菊池先生が入ってきて、一気に教室の空気が変わりました。
・私も大人になったら、菊池省三先生みたいなすばらしい先生になり、全国のこどもたちにいろいろな事を教えてあげて、いろいろな本を書きたいです。
・いっしょうのなかで菊池省三先生にあえるのはかぎられた人ぐらいだと思いました。その菊池先生にあえたことをほこりに思います。
・省三先生に出あえてほんとによかったと思っています。
・担任の先生も菊池先生のまねをしてふりがなを逆にふったり、そこの列立ちましょうといって意けんをいわせたりで、やっぱり自分らしさが大事だと思います。

○教師のパフォーマンス力

・チャイムがなりおわったあと菊池先生がスキップらしい歩き方をしていたので、おもしろい人なんだなと思いました。

「よく見ている人だ」と、子どもは教師のことを、とても「よく見ている」のです。

「みる目」の部分の感想文では、教師の話す内容、教師の観察力、教師のほめる様子などを「よく見ている人」とまとめてくれました。

「教師の感化力」の中では、教室の空気感について書いてくれました。

さらに、教師という仕事に大いに関心をもってもらいました。教師の多くは、自分を担任してくれた先生に憧れて教師という職業を選んでいます。その意味でも、教師の存在の大きさを考えさせられます。

「教師のパフォーマンス力」では、私自身が意識していない動きをとらえ「おもしろい人」と評価してくれました。

教室の雰囲気を決定づけるのは教師です。

「教育」は、「教化」と「感化」だと言われます。教えることによる「教化」だけではなく、教師の存在から子どもが感じとる「感化」による重要性を、最近は強く感じています。教師の元気さが、子どもたちを感化するのです。

子どもは、敏感で確かな「みる目」をもっているなと改めて感心しました。

「最大の教育環境は教師自身である」と言われます。教師の一挙手一投足を子どもたちはみています。そして、それに感化され、その方向に成長していきます。

「教師は五者たれ」という言葉もあります。五者とは、「役者、医者、学者、易者、芸者」

のことです。教師に求められ多様な能力、役割を表しているのだと思います。移り行く時代の中で、地域も、保護者も、子どもたちも変化しています。当然、不易の部分を尊重しつつ、学校も、教師も、変化に対応していかなくては、未来社会に生きる人間を育てることはできません。

まとめ

「子どもに学ぶ」と言いますが、今回、子どもの感じた授業の在り方について学びました。

私たち教師は、こうした子どもの感性から大いに学ぶ必要があります。大切にしたいことです。

対談の中で苫野一徳先生は、「『教師が頭に答えをもっていて、子どもたちがそれを取りに行くゲームでは、もうない』」ということに気付こうという呼びかけをされました。

このことを、子どもたちの感想の中から真摯に学びたいと思い、整理してみました。

私自身、ジャンプしながら教壇に戻る、足早に戻る、ゆっくりと動きながら問いかける、など、動きをもった授業を心掛けています。時には、体が勝手に反応していることもあります。時には、意図的に体を動かしていることもあります。いずれにしても、子どもを学びに集中させるための動きです。

硬く遅いことを求めるのか、柔らかく速いことを求めるのか。教師の「観」の違いによってのみ、子どもの成長の姿に違いは現れるのです。

「子どもが中心の学び」が進められる教室が、全国に広がることを願ってやみません。

最後に、私の授業の様子は、映画「『挑む』菊池省三 白熱する教室 第一部」と、映画「『ニッポンの教育』挑む 第二部」の中で垣間見ていただくことができます。

また、1時間の授業を完全に文字起こしをした上で、私が授業の中で示すコミュニケーション術をその時の写真とともに紹介し、解説した書籍として「1時間の授業で子どもを育てる コミュニケーション術100」(中村堂)があります。合わせてご覧いただけると幸いです。

●対談者・著者（詳細は、本文4・5ページに掲載）
苫野一徳（とまの・いっとく）
菊池省三（きくち・しょうぞう）

学校は、何をするところか？

2018年3月1日　第1刷発行

著　／苫野一徳・菊池省三
発行者／中村宏隆
発行所／株式会社　中村堂
〒104-0043　東京都中央区湊3-11-7
湊92ビル4F
Tel.03-5244-9939　Fax.03-5244-9938
ホームページ　http://www.nakadoh.com

印刷・製本／新日本印刷株式会社

ISBN978-4-907571-45-0